W0174706

Mala **Magische Hände**

Matthias Mala

Magische Hände

Freude und Wohlbefinden durch die gelenkte Kraft der Mudra

IRISIANA

IRISIANA

Eine Buchreihe herausgegeben von
Margit und Rüdiger Dahlke

Die Deutsche Bibliothek – CIP-Einheitsaufnahme
Mala, Matthias:
Magische Hände : Freude und Wohlbefinden durch die gelenkte Kraft der Mudra / Matthias Mala. – München : Hugendubel, 1997
(Irisiana)
ISBN 3-88034-973-8

© Heinrich Hugendubel Verlag, München 1997
Alle Rechte vorbehalten

Umschlaggestaltung: Zembsch' Werkstatt, München,
unter Verwendung eines Fotos von
Studio Franz Kunze, München
Produktion: Tillmann Roeder, München
Zeichnungen: Matthias Mala
Satz und Repro: SatzTeam Berger, Ellenberg
Druck und Bindung: Spiegel Buch, Ulm-Jungingen
Printed in Germany

ISBN 3-88034-973-8

Inhalt

Die Hand, die meinen Gram
so freundlich von mir nahm,
ich kannt' sie nicht.
Sie warf die welke Zeit
und meine Traurigkeit
ins Morgenlicht.

Heinrich Mersmann
Gesang unter Sternen

Vorwort

Obwohl die östliche Spiritualität in unsere Kultur seit der Zeit der Aufklärung verstärkt hineinwirkt und wir uns insbesondere in diesem Jahrhundert intensiv mit den rituellen Praktiken des Ostens auseinandersetzen, wurde den Mudras bislang nur in eingeweihten Kreisen Beachtung geschenkt. Ein breites Wissen über die Magie der Geste konnte sich nicht durchsetzen. Insofern blieben die Mudras das, wofür sie ursprünglich geschaffen wurden: ein esoterisches Mysterium. Man mag dahinter Absicht vermuten, andererseits sind so gut wie alle anderen Geheimlehren östlicher Mystik längst jedermann zugänglich. Allerdings war das Wissen um die Macht der Mudras auch in den tantrischen Gemeinden, in denen es gepflegt wurde, ein streng gehütetes Geheimnis, in das nur wenige eingeweiht wurden; und so wurde der Kreis jener, die um dieses Geheimnis wußten, durch die Säkularisierung auch der östlichen Welt immer kleiner. Was blieb, war die äußere Gestalt der Mudra und die Erfahrung ihrer inneren Kraft. So wird etwa in Berichten aus der Jahrhundertwende bereits bemerkt, daß die Priester, die Mudras für ihr Ritual verwendeten, dieselben oftmals nicht mehr erklären konnten. Dementsprechend blieb der Blick westlicher Beobachter auf die äußere Form der Mudras beschränkt, weshalb sie auch überwiegend nur als Momente der Ikonographie erkannt wurden. Aus diesem Blickwinkel waren Mudras jedoch mehr oder minder ein den Kunsthistorikern vorbehaltenes Forschungsobjekt. Als Mittel zur spirituellen Erweiterung wie auch als heilkräfige Geste blieben sie somit bis heute unterschätzt.

Weshalb ich mich seit Jahren mit Mudras beschäftige und ihre Kraft erforsche, hat mit meiner ursprünglichen Affinität zum Handlesen zu tun. Wenn man durch Form und Linien der Hand eines Menschen seinem Wissen auf den Grund gehen kann, so sagte ich mir, muß hinter solcher Manifestation der Seele auch ein hintergründiges Wirken erkennbar sein. Folglich beschäftigte ich mich mit den seelischen Kräften, die ich hinter dem deutbaren Ausdruck vermutete. Alsbald stieß ich bei meiner Suche auf die Mudras und experimentierte mit ihnen. In der Auseinandersetzung mit ihrer Kraft wurde mir zunehmend deutlicher, mit der Mudra auch einen lange verlorenen Schlüssel gefunden zu haben, durch den ich mir die hintergründige heilende und seelisch erhöhende Kraft in unseren Händen systematisch zugänglich machen konnte. Um diesem Wissen Bestätigung zu geben, begann ich, Mudras selbst zu komponieren und deren Wirkung nicht nur subjektiv, sondern auch mit unbestechlicher moderner Meßtechnik zu analysieren. Und so hob sich Stück für Stück der Schleier. Die Mudras waren nun für mich nicht mehr nur Form, sondern ein echtes Medium zur Transzendenz und zugleich deren sichtbare Umschreibung.

Durch die wiederentdeckte Systematik der Mudras ist es uns heute möglich, die innere Kraft einer Mudra klar zu erkennen und zu bestimmen. Hierdurch verlieren die Mudras den formelhaften Charakter der Ikonographie und werden zu einem lebendigen Instrument sowohl der Mystik als auch jeder ganzheitlichen Heilkunde. Sie als solches vorzustellen, ist mein eigentliches Anliegen in dieser Schrift. Darüber hinaus ist es mein Bemühen, die Kraft der tradierten Mudras jedermann zugänglich zu machen sowie die Auseinandersetzung mit der Systematik der Mudras so weit zu fördern, daß die Entwicklung zeitgerechter Mudras in viele Hände genommen werden kann und dieser vergessene Aspekt östlicher Mystik seinen Platz im allgemeinen Bewußtsein findet.

Matthias Mala

Die Gesten der Götter – Entwicklung und Verbreitung der Mudras

Durch das Instrument der Geste sind wir imstande, für einen kurzen Augenblick unsere emotionalen, psychischen und physischen Befindlichkeiten eindeutig zu offenbaren. Selbst mit vielen Worten hätten wir oft Mühe, unser Inneres und unser Wollen auch nur annähernd ebenso erkennbar zu umschreiben. Dabei ist es oftmals weniger die Geste als solche als die durch sie ausgesandte Kraft, durch die dem Zeichen Ausdruck und zugleich Verständnis zuteil werden. Diese der Geste innewohnende Kraft trägt meist etwas Ursprüngliches, uns aus der Seele Fließendes mit sich. Eine solche Verbindung von formender Bezeugung und seelischer Kraft ermöglicht es uns Menschen oft, über kulturelle und sprachliche Schranken hinweg, ja selbst über unsere Gattung hinaus zu kommunizieren. Und somit ist es kaum verwunderlich, daß der Geste in Riten und Kulten von jeher besondere Bedeutung zukam und auch bis heute noch beigemessen wird. Auf dem indischen Subkontinent entwickelte sich mit den Mudras über Jahrtausende eine besondere und vielschichtige Choreographie der Geste.

Was ist eine Mudra?

Mudras sind heute mehr oder minder in der Kultur des gesamten südostasiatischen Raums verankert. Oberflächlich betrachtet entdecken wir sie jedoch in scheinbar völlig unterschiedlichen Zusammenhängen und Ausformungen. Grundsätzlich ist eine Mudra eine bestimmte Hand- und Fingerhaltung, die nach rituellen, spirituellen oder dramatischen Prinzipien geformt wird. Solche Handhaltungen sind ein wesentliches Element im traditionellen indischen Tanztheater, durch das die vedische Götter- und Heldensage dargestellt wird. Ohne die Abfolge verschiedener Mudras bliebe dabei der mimische Vortrag für den Betrachter unverständlich. Dies bedingt aber auch seinerseits, daß der Betrachter um die Bedeutung der Mudras weiß. Gleiches gilt in beschränktem Maße für den tradierten Tempeltanz, wie wir ihn vor allem als touristische Attraktion von Indonesien und Thailand her kennen. Hierbei werden vor allem Geschichten aus dem Leben Buddhas vorgetragen.

Als Mudra werden aber auch neben rituellen Handhaltungen mehr oder minder komplexe körperliche Bewegungsabläufe im tantrischen Yoga und im Hatha-Yoga bezeichnet. Die rituellen Handhaltungen im Yoga sind eng verknüpft mit der Rezitation von Mantras, sogenannten magischen Urlauten. Hierbei sollen die Laute in gestischer Weise auf der aurasomatischen Ebene, der Verbindung von Körper und Aura, Wiederholung erfahren und letztlich die Lösung der Seele von ihrer materiellen Verhaftung fördern. In der ayurvedischen Medizin werden Mudras als energetische Stimulantia empfohlen. Die angeratene Handhaltung soll dabei Disharmonien beseitigen und somit die Genesung beziehungsweise Gesunderhaltung des Patienten bewirken. Doch auch aus dem Alltag des gläubigen Hindus ist die Mudra nicht wegzudenken. So zählt zur täglichen Andacht, der Sandhya, eine Abfolge von 24 Mudras, die der Betende auszuführen hat.

Ausschließlich rituell magische und spirituelle Bedeutung haben Mudras im Buddhismus. Neben den sechs Gesten, mit denen der historische Gautama Buddha dargestellt wird (siehe Seite 91), soll Buddha der Legende nach insgesamt 64 Mudras gestiftet haben, durch deren Hilfe der Meditierende seine eigene Buddhanatur erwecken könne. Vor allem im esoterischen Buddhismus Japans, insbesondere im Shingon, erlangte die Darstellung und Anwendung von Mudras unter der Bezeichnung *In* für »Siegel« eine hervorgehobene dogmatische Bedeutung. Losgelöst von der tradierten indischen Auffassung der Mudras entwickelten japanische Mönche einen ungewöhnlichen Einfallsreichtum bei der Kreation neuer Handzeichen. Der Katalog dieser speziellen Mudras umfaßt mehrere hundert verschiedene Gesten. Erwähnenswert sind auch die rituellen Mudras auf Bali, mit denen eine Andacht begleitet wird. Durch die besondere parallele Entwicklung des Buddhismus und Hinduismus dort – beide Glaubensgemeinschaften fanden vor dem Ansturm muslimischer Eroberer hier Exil – entstand ein Kanon von Mudras, der den Priestern beider Bekenntnisse gleichermaßen geläufig ist. Auch in China haben Mudras seit der Berührung mit der Lehre Buddhas Tradition. In ersten Übersetzungen buddhistischer Texte werden sie als *Yin,* im Sinne von »Siegel« erwähnt. Heute finden Mudras in China vor allem im Qigong und bei Tai-Chi-Übungen zur Belebung des Energieflusses Beachtung und Verwendung.

Die Entwicklung der Mudras

Die japanische Bezeichnung *In* wie auch die chinesische Wortwahl *Yin* für »Mudra« gibt den ursprünglichen Wortsinn für die rituelle Handhaltung wieder; denn in alten indischen Texten steht das Sanskritwort *Mudra* noch eindeutig für den Begriff »Siegel« beziehungsweise für »Besiegelung«. Auch Gerätschaften zum Siegeln, Siegelringe oder Siegelabdrucke wurden mit *Mudra* umschrieben. Ebenso wurde das Wort *Mudra* oder *Mura* für »die Münzen« oder »das Münzen« gebraucht, was im übrigen auch für das heutige Hindiwort *Mudra* gilt. Gleichberechtigt daneben stand hierfür aber auch der Begriff *rupa,* den wir heute in der Benennung der Rupie wiederfinden. In Pali, der mittelindischen Literatursprache, in der mit die ältesten Texte des Buddhismus verfaßt worden sind, wird die Mudra als spirituelle Handhaltung mit *Mudda* bezeichnet.

Ein Siegel war im Altertum weit mehr als zu unserer Zeit ein Zeichen höchster Autorität. Siegelbruch oder Siegelfälschung galt daher als tödlicher Frevel. Die damalige Gleichsetzung einer rituellen Geste mit einem Siegel läßt uns daher noch erahnen, welch hoher Stellenwert in der brahmanischen Glaubensvorstellung der Mudra beigemessen wurde. Archäologische Erkenntnisse von Grabungen im Industal (Mohenjo-daro und Harappa im Panjab) bezeugen, daß die kulturelle Leistung der rituellen Geste in der dortigen Gesellschaft bereits weit entwickelt war, bevor die ab 1500 v. Chr. aus dem iranischen Hochland einfallenden arischen Nomadenstämme dort seßhaft wurden. Der kultische Gebrauch der Geste war in den alten städtischen Gemeinschaften am Indus offensichtlich ein Bestandteil der rituellen Tänze, wobei der Geste als solcher besondere Zauberkraft zugedacht wurde. In diesem Sinne war sie gleichermaßen Mittel zur Imagination der Götter als auch Medium zur Abwehr böser Kräfte. Da das Pantheon der städtischen Urbevölkerung neben einer Allmuttergottheit im wesentlichen aus Tiergottheiten bestand, muß es auch einen entsprechend eindrucksvollen und bildhaften Fundus an Mudras gegeben haben. Dem Brahmanismus, der frühen Entwicklungsstufe des Hinduismus, mit seinem reichen vedischen Liedgut kam diese Form des Kultes offensichtlich gelegen. Jedenfalls wurde er von ihm bruchlos assimiliert. In den späteren Niederschriften der Veden, dem heiligen Schrifttum der Hindus, wie auch in den nach der Zeitenwende entstandenen erläuternden Anhängen, den Upanishaden, und im »Mahabharata«, dem indischen Heldenepos, sind dementsprechend Mudras und Körperhaltungen aus der vorbrahmanischen Zeit beschrieben, die heute noch im Yoga tradiert werden.

Der rituelle Tanz mit kultischen Gesten als Beschwörung und Gottesdienst wurde von den brahmanischen Indern alsbald soweit ausgestaltet, daß er auch eine dramatische Form annahm. Hierdurch konnte die vedische Glaubensgeschichte neben der mündlichen Weitergabe auch in theatralischer Weise im Bewußtsein der Gläubigen verankert werden. Daß die hierbei verwendeten Mudras vom Publikum auch verstanden wurden, kam freilich nicht von ungefähr. Schließlich war es üblich, den Vortrag der Veden auch durch Handbewegungen zu begleiten. Anfänglich mögen diese Bewegungen nur rhythmisch der Melodie gefolgt und die Art der Geste noch der Intuition des Vortragenden anheimgestellt gewesen sein. Doch liegt es nahe, daß die Gestik sehr bald koordiniert und einem Regelwerk unterworfen worden sein dürfte. »Weil man die Schrift gelernt hat, weiß man: unmittelbar auf dieses Akkhara (pali = Silbe, Wort; ikonographisch = unvergänglicher Laut als höchstes schöpferisches Prinzip) ist jenes Akkhara zu machen! So entsteht die Erinnerung aus der Mudda.« Diese uns überlieferte Aussage eines Mimen galt gleichermaßen für den Zuschauer. Ja, die Verschmelzung von Mudras und Vortrag der Veden ging so weit, daß eine Darbietung ohne die dazugehörige Gestik als nutzloses Geträller verachtet wurde. Wagte es dennoch jemand, die Veden ohne ausreichende Kenntnis der Mudras zu rezitieren, so wurde ihm gar folgende Schrecklichkeit prophezeit: »Liest jemand die Veden, ohne sie mit den Händen zu begleiten, oder mißachtet er die rechte Tonlage und Betonung, so werden ihn Rig, Yajus und Saman (die drei Stifter der gleichnamigen drei ersten Bücher der Veden) verbrennen und er wird als ein verruchtes Tier wiedergeboren werden.« Während im Gegensatz dazu in der gleichen Schrift, der »Paniniya Siksa«, jenem, der die Veden in gebührender Weise vorzutragen wußte, ein Platz im Reiche Brahmans versprochen wurde.

Daß die Beherrschung der Mudras ebenso wie die Kenntnis der Schrift unabdingbar zur Ausbildung der gehobenen Stände im klassischen Altertum Indiens zählte, zeigt eine Episode aus den Jataka, den Legenden von Buddhas früheren Existenzen. Danach sah der Sakyamuni, der Weise aus dem Stamme der Sakyas, womit der noch unerleuchtete Buddha umschrieben wird, die schöne Amara und dachte bei sich: »Ich weiß nicht, ob sie verheiratet ist oder nicht, ich will sie durch Hatthamudra befragen. Wenn sie gebildet ist, wird sie es verstehen.« Und er erhob seine geschlossene Faust (Daumen umschlossen). Amara bemerkte, daß Sakyamuni sie fragte, ob sie verheiratet sei. Worauf sie seine Frage verneinte, indem sie ihm ihre gespreizte Hand wies.

Das »Natya Sastra«: die hohe Kunst der Mudra

Durch den verbindenden Vortrag mit den Veden galten die Mudras als gottgeschaffene Zeichen. Eine Mudra offenbarte nicht nur die heilige Schrift für den Leseunkundigen in visueller Form, sondern beschwor zugleich die mystische Anwesenheit der Gottheit im irdischen Raum. Das Unaussprechliche, die göttliche Präsenz in den Worten und zwischen den Zeilen, wurde durch die Mudra zu einem in sinnlich-übersinnlicher Weise erfahrbaren Gegenüber. In dieser Ausformung aber ermöglichte die Mudra gleichermaßen die Darstellung und Erläuterung seelischer Empfindsamkeiten. Diese zunehmende Verfeinerung des Vortrages brachte es mit sich, daß der sakrale Tanz nicht nur zu kultischen Festen aufgeführt wurde, sondern sich aus ihm heraus ebenso eine profane Disziplin entwickelte. Dabei orientierte sich das Spiel, den Gepflogenheiten entsprechend, auch weiterhin an den heiligen Büchern und Epen. Die Kunst des Mimen bestand dabei vor allem darin, durch Pose, Körperbewegung, Mimik und Mudra in tänzerischer Weise zur Musik den Stoff vorzutragen und hierzu von Fall zu Fall im schnellen Wechsel in verschiedene Personen zu schlüpfen.

Die enge Verknüpfung dieser dramatischen Kunst mit dem sakralen Tanz bedingte einen außerordentlichen Anspruch an den Vortrag und verlangte eine hohe Disziplin vom Mimen. Im »Natya Sastra«, dem dramatischen Lehrbuch der Tanzlehre (Natya = Drama/Tempeltanz), fand diese Entwicklung ihren Höhepunkt. Dieses Buch, in dem in 5 600 Versen die Kunst des Tanzes festgeschrieben wird, wirkte auf das klassische Theater Indiens bis zum heutigen Tage prägend. In diesem Tanztheater, dem Bharatanatya, wird die Tanzkunst mit Masken, Mienenspiel und Gestik im überlieferten Sinne bei ungebrochener Popularität weiter gepflegt. Wie fest dabei die Mudras nach wie vor im Bewußtsein der Betrachter verankert sind, vermag ein unkundiger Zuschauer beim Besuch einer Vorstellung an den Reaktionen des Auditoriums unschwer zu erkennen.

Als Autor des »Natya Sastras« gilt der Mime Bahratamuni. Er wollte, wie er selbst im ersten Kapitel seines Buches erwähnt, mit seinem Werk ein fünftes Buch der Veden schaffen. Von entsprechend hoher literarischer Qualität sind demzufolge auch seine Verse, und angesichts ihrer kompositorischen Regeln besitzen sie überdies Vorbildcharakter. Um seine Intention zu rechtfertigen, erhebt Bahratamuni auch in seinem ersten Vers Brahma selbst zum Stifter seiner »Natya Veda«. So schreibt er: »Ich beuge mich vor Brahma, dem Schöpfer der Welt, und dem großen Gott Shiva und hebe an, die Natya Sastra darzulegen, das Wissen um die Kunst der Geste und des Tanzes, wie sie uns Brahma offenbarte.«

In der Folge werden in 36 Kapiteln neben einer beispielhaften Sammlung verschiedener Dramen aus den indischen Götter- und Heldenepen präzise Anleitungen zur Aufführung eines Stückes gegeben. Versbau, Musik, Tanz, Gestik, Kostüme, Bühnenaufbau und Dekoration werden bis in die Einzelheiten hinein erläutert. Freilich ist nicht zu übersehen, daß dieses umfassende Werk auf einer bereits reichlich vorhandenen Literatur aufgebaut wurde. Dabei rezipierte Bahratamuni nicht nur Werke der indischen Dramatik, sondern war auch erkennbar von der »Poetik« Aristoteles' inspiriert. Zugleich ist dieses vermutlich um die Zeitenwende entstandene Werk nicht nur ein Lehrbuch der dramatischen Künste, sondern auch ein Spiegel der damaligen Gesellschaft mit all ihren sozialen Schichten. Es ermöglicht uns von daher einen tiefen Einblick in das Leben des damaligen Indiens.

Zugleich lassen sich im Rückblick auch der hohe Rang und die vielfältige Beachtung dieses Regelwerkes ermessen; schließlich beeinflußten die in ihm dargestellten Anweisungen für Pose und Ornamentik auch Skulpturdarstellung und Architektur der Folgezeit.

Im Abschnitt Hastabhinaya widmet sich der Autor ausführlich dem Vortrag der Mudras. In welcher Weise dies geschieht, sei beispielhaft an der *Arala-Geste* gezeigt:

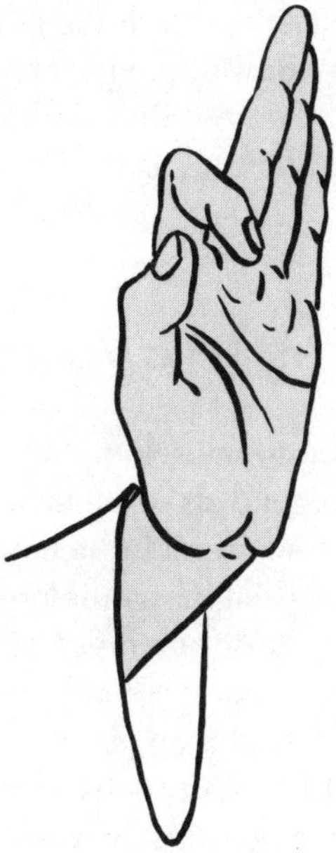

»Der Zeigefinger ist wie ein Bogen gekrümmt; der Daumen wird leicht gerundet und die übrigen Finger werden einzeln nach oben gestreckt.

Dieser Geste wohnt Stärke, Stolz, Heldenmut, Schönheit, Festigkeit, göttliche Absicht und Würde inne. Sie drückt zudem den Segen und die Güte Bhavas aus.

Wird sie von einer Frau ausgeführt, stellt sie auch gelöstes Haar dar, das den Körper streift.«

Die Aralamudra soll Agastya, eine göttliche Heldengestalt der Rig-Veden und des Mahabharata, geformt haben, ehe er den Ozean leer trank. Von daher liegt dieser Mudra im Bharatanatya heute zudem die Bedeutung von »Trinken«, insbesondere göttlicher Essenzen, als auch »starker Wind« und »Verwüstung« inne.

In energetischer Hinsicht symbolisiert die Mudra mit dem gekrümmten Daumen Beherrschung körperlicher Kraft; der geknickte Zeigefinger versinnbildlicht eine aus Selbstbewußtheit erwachsene demutsvolle Bedachtsamkeit und, durch die gestreckten Finger, eine in sich selbst ruhende gelöste Bewältigung materiell ordnender Prinzipien. Dementsprechend können Sie die Mudra vor einer komplexen Aufgabe zur Sammlung und Stärkung Ihrer Übersicht formen.

Die mystische Mudra

Wurden die Mudras in der brahmanischen Zeit zwar als von göttlicher Natur aufgefaßt, doch vorwiegend als erzählerisch beschreibende Elemente des Tanzes praktiziert, so wandelte sich ihre Bedeutung mit der Entstehung buddhistischer Religionsgemeinschaften grundlegend. Die Mudra als heilige Geste wurde von den Gläubigen zwar in trauter Gewohnheit beibehalten, doch der veränderten Weltsicht entsprechend adaptiert. Nicht mehr Brahman, sondern Buddha galt nun als Stifter der Mudras, wobei ihm selbst sechs Mudras als ihn und seine Lehre verkörpernde Gesten zugeschrieben wurden (siehe Seite 91). Diese sechs Mudras gewannen vor allem mit der Entstehung von Kultbildern Buddhas Bedeutung und Verbreitung. Die ersten anthropomorphen Buddhadarstellungen entstanden jedoch erst kurz nach der Zeitenwende, rund 300 bis 400 Jahre nach Buddhas Wirken (die Datierung des historischen Buddhas ist umstritten).

Für das entstehende figurative Buddhabild waren zwei Stilrichtungen, die beide miteinander wetteiferten, maßgeblich, die Mathura-Schule in Zentralindien am heiligen Fluß Jamuna und die Schule von Gandhara im Peshawar-Tal am Indus im Grenzgebiet des heutigen Pakistan und Afghanistan. So war die Gestik des dargestellten Buddhas anfänglich auch noch keinem Kanon unterworfen und differierte in der Darstellung des Ausdrucks. Bei der sich erst allmählich entwickelnden Ikonographie, der Festlegung der Bildinhalte, war letztlich die Gandhara-Schule nahe der überregionalen Handelswege, heute als Seidenstraße umschrieben, tonangebend. In den Bildwerken der dortigen Steinmetzen vereinigten sich griechisch-römische Vorstellungen der Bildgestaltung mit indischer Symbolik. Die Aufgliederung des Buddhismus in verschiedene Sekten beziehungsweise Lehrmeinungen war zur damaligen Zeit längst eine feststehende Tatsache. Das dritte Konzil von Pataliputra (um 250 v. Chr.) unter Kaiser Asoka, bei dem das erste Schisma vollzogen wurde, lag bereits Jahrhunderte zurück. Damals stritt man sich darum, ob die Erleuchtung nur einem Arhat, einem Heiligen, vorbehalten bliebe, oder ob sie einem jeden Gläubigen durch Hilfe eines Bodhisattvas, eines zur Buddhaschaft Bestimmten, zuteil werden könnte. Letztere Meinung vertraten die Mahasamghikas. Aus diesen strittigen Glaubensauffassungen entstanden alsdann die beiden Hauptrichtungen des Buddhismus, das sogenannte »kleine Fahrzeug« *Hinayana,* und das »große Fahrzeug« *Mahayana.*

Insbesondere der populärere Mahayana-Buddhismus entwickelte ein verzweigtes Pantheon verschiedener Bodhisattvas, durch deren Mitleid, Trost, Schutz und Hilfe der Gläubige zum Heil geführt werden soll. Um diese Bodhisattvas in ihrer bildhaften Darstellung unterscheiden zu können, boten sich Mudras als das geradezu ideale Medium an. Zum einen ermöglichten sie eine sichtbare Differenzierung, und zum anderen erlaubte die spirituelle Ausdeutung der Mudras auch die kanonische Darstellung der Eigenheit des jeweiligen Bodhisattvas. Insbesondere letzteres mag eine sich wechselseitig bedingende Entwicklung gewesen sein, die schließlich auch zu einer von den brahmanischen Überlieferungen unabhängigen Auffassung von Sinn und Bedeutung der Mudras führte. Die Mudra wandelte sich zur mystischen Geste, die den Aspekt des Heiligen verkörperte. Wer die Mudra in gleicher Weise nachformte, bot sich somit dem angerufenen Bodhisattva als Gefäß an, in dem sich dessen Wesen offenbaren konnte. Die Formung der Mudra wurde so zur magischen Handlung, um jene Transzendenz zu erlangen, in der sich das Göttliche mit dem Meditierenden vereinigt und sich hierdurch im Menschen offenbart.

Schon zu Lebzeiten Buddhas fand seine Lehre weithin Anklang und Anhänger. Nach seinem Tod wurde sie durch seine Ordensleute weiterverbreitet und verfestigte sich alsbald. Unter der Regierung Kaiser Asokas (258–239 v. Chr.) erlebte der Buddhismus seine erste große Blüte. Asoka förderte insbesondere die Missionstätigkeit des Ordens. Noch unter seiner Herrschaft faßte die Lehre Buddhas in Ceylon und Burma Fuß und verbreitete sich so erstmals über die Grenzen Indiens hinaus. Die Entstehung des Mahayana und die Bildwerke der Gandhara-Region waren mit Voraussetzung für die weitere Ausdehnung des Buddhismus im gesamten asiatischen Raum. Das sich entfaltende Pantheon des Mahayana sowie dessen facettenreicher Kult, zu dem mittlerweile auch unabdingbar die Kultfiguren zählten, erleichterte es den Bekehrten, ihre alten Götter gegen die neue Heilslehre zu tauschen.

Von Gandhara aus gelangte die Kunde vom Buddhismus weiter nach Zentralasien. Nordöstlich von Gandhara erstreckt sich die Landschaft Baktrien, die als innerasiatische Kornkammer vielen Völkern Heimat war. Nach der Eroberung durch Alexander den Großen entwickelte sich dort eine iranisch-hellenistische Kultur mit indischen Einflüssen. Eine Blüte erlebte das baktrische Reich im 2. Jahrhundert christlicher Zeitrechnung unter seinem skythischen Kaiser Kanishka. Seine Herrschaft erstreckte sich vom Aralsee bis Khotan im Osten und zur Gangesebene im Süden. Kanishka förderte wie seinerzeit Asoka die Verbreitung des Buddhismus. Über die durch sein Reich führenden Handelswege der Seidenstraße verbreitete sich die Kunde von der neuen Heilslehre. Aus allen Himmelsrichtungen pilgerten daraufhin Suchende herbei, um sich an Klöstern und Schulen in der Lehre Buddhas unterweisen zu lassen. Vor allem die zeitgleiche Begegnung chinesischer Mönche mit dem Buddhismus sollte für die weitere Entwicklung der Mudras bedeutend werden.

Seit der ersten offiziellen Mission des Mönches Zhu Shixin (um 260 n. Chr.) nach Indien zum Studium der buddhistischen Lehre entstand ein reger Austausch zwischen beiden Kulturen. Zeugnis davon legen noch heute die Höhlen von Mogao unweit der Oase Dunhuang am Rande der Wüste Gobi ab. Dunhuang galt als das Tor Chinas zum Westen, und Mogao wurde zu einem Zentrum des religiösen Austauschs, selbst christliche Mönche fanden den Weg dorthin. Im 4. Jahrhundert entstand hier ein reges Klosterleben. Es wurden Tempel, Grotten und Nischen in den weichen Fels geschlagen. Über 1000 Höhlen entstanden so in wenigen Jahrzehnten, von denen knapp fünfhundert heute noch erhalten sind. Als sie Anfang des 20. Jahrhunderts wieder entdeckt wurden, fand man in ihnen eine Manuskriptsammlung von über 40 000 Schriftrollen größtenteils buddhistischer Inhalte in verschiedenen Sprachen. Die Höhlen selbst sind wahre Schatzkammern tausendjähriger buddhistischer Kunst. Sie sind über und über mit Wandmalereien und Statuen geschmückt. Und in den Bildern der frühen Zeit, die vom Leben Buddhas erzählen, erahnt man auch etwas von der Lebendigkeit der Mudras. Vielfach erscheinen die Darstellungen an den Höhlenwänden wie Abbilder des indischen Tanztheaters.

Während sich der Buddhismus in China verfestigte, kam es in seinem Ursprungsland Indien durch die Renaissance der vedisch-brahmanischen Lehren und der damit verbundenen Entstehung des Hinduismus allmählich zu einem Niedergang der buddhistischen Religionsgemeinschaften. Die besondere Eigenheit des Hinduismus, bestehende Glaubensrichtungen nicht zu verdammen, sondern in seine Weltsicht integrieren zu können, galt gleichermaßen für das buddhistische Ideengut, das Zug um Zug adaptiert wurde und seitdem umgebildet in ihm fortwirkt. Auch die Einschätzung der Mudras erlebte hierdurch einen weiteren Bedeutungswandel. Sie wurden nunmehr in besonderer Weise zu einem Medium der yogischen Mystiker. Mit Hilfe der rituellen Gestik vertieften sie ihre Gottesschau, indem sie ihren Körper zu einer Heimstatt spiritueller Kraft vorbereiteten beziehungsweise durch die Übung der Mudra die höchste Wandlung, die Erleuchtung, auch zu einer körperlich erfahrbaren Manifestation werden lassen konnten.

Das Aufkommen und die Ausbreitung des Hinduismus in Indien hatte auch Rückwirkungen auf die weitere Entwicklung des Buddhismus. Neben zahlreichen hinduisitischen Bräuchen etablierten sich auch Gottheiten aus dem Pantheon der Hindus in der buddhistischen Glaubensvorstellung. Mit ihnen vervielfältigte sich auch der Kanon ikonographischer Mudras. Das Aufkommen des hinduistischen Tantrismus als ein Heilsweg der mystischen Einigung mit der höchsten weiblichen Gottheit Shakti, der großen Mutter, fand durch seine Weltzugewandtheit rasch auch Anhänger in den buddhistischen Gemeinden. Er führte schließlich zu einer dritten großen Ausrichtung des Buddhismus, dem *Vajrayana,* auch »diamantenes Fahrzeug« genannt.

Zauberpraktiken wie mystische Meditation, Diagramme in Form von Mandalas, Wortmagie durch den Gebrauch von Matras und Mudras als Zauberzeichen gehörten als Sakramente ebenso zum Kult wie die geschlechtliche Vereinigung, durch die sich das göttliche Urmysterium im Adepten offenbaren sollte. Da die Einweisung in diese rituellen Praktiken nur mündlich vom Meister zum Schüler erfolgte, entwickelte sich so eine esoterische Tradition, die erst im 19. Jahrhundert aufzubrechen begann.

Reispapierabdruck des tausendarmigen Bodhisattva Kannon (Avalokitesvara) mit Varada- und Manidharamudra

In Japan, das die buddhistische Lehre erst gegen Ende des 6. Jahrhunderts erreichte, fiel der tantrische beziehungsweise esoterische Buddhismus wegen seines Zauberkultes und seiner schamanenhaften Praktiken alsbald auf fruchtbaren Boden. Seine Lehre fand zu Beginn des 9. Jahrhunderts als Shingon Verbreitung. Die Shingon-Sekte ist heute eine der größeren buddhistischen Ausrichtungen in Japan. Der Kult des Shingon basiert auf drei ineinanderfließenden zeremoniellen

Handlungen, die als die »Drei Geheimnisse« umschrieben werden. Dem ersten Geheimnis ist die Mudra gewidmet. Durch sie soll der körperliche Aspekt des Daseins geheiligt werden. Das Mantra steht für das zweite Geheimnis. Durch die magische Formel soll das Wort göttliche Erhöhung erfahren. Dem dritten Geheimnis dient die Visualisation. Sie soll die Läuterung des Geistes bewirken. Durch den richtigen Vollzug der drei Geheimnisse erlangt der Ausübende magische Macht, und durch ihre Wiederholung vollendet er sich, bis hin zur vollkommenen Erlösung.

Durch die fehlende Tradition der Mudras und den kulturellen Abstand zu ihrem eigentlichen Herkunftsland war das Wissen über den ursprünglichen Sinn und die Bedeutung der Handhaltungen im entstehenden Shingon nur bruchstückhaft vorhanden. Folgerichtig entstand eine eigene Betrachtungsweise und Ausdeutung für die rituelle Handhaltung. Sie ermöglichte den Mönchen einen kreativen Umgang mit der Mudra und führte zusätzlich zu den etablierten kanonischen Gesten Buddhas und der Bodhisattvas zu einem eigenständigen umfangreichen Katalog an Handhaltungen, denen jeweils einzeln oder in Verbindung mit anderen Gesten magisch spirituelle Wirkung zugeschrieben wird. Wobei die Wirkung der Mudra in ihrer transzendenten Umformung so hoch eingeschätzt wurde, daß von ihr seitdem in mancher Schrift als vom »Weg der Fingerhaltung« gesprochen wird.

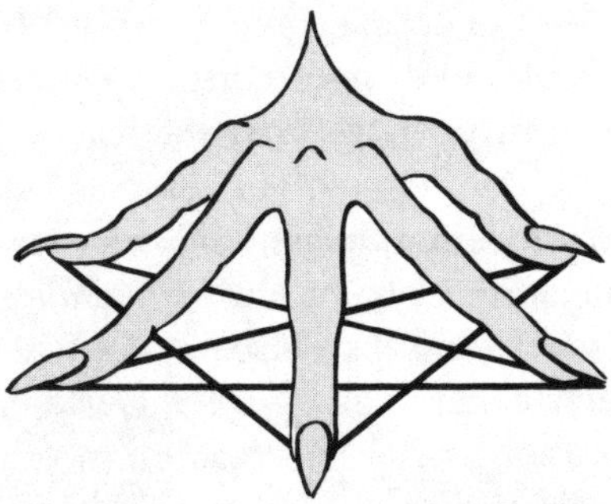

Mudra: die magische Kraft der Geste

Die Vorstellung, daß eine koordinierte Handhaltung in körperlicher, seelischer oder geistiger Weise auf unser Wesen einwirken kann, mag den meisten unter uns auf den ersten Blick abwegig erscheinen. Der im vorangegangenen Abschnitt ausgeführte Verweis auf die spirituell erhebende Mudra in religiösen Zeremonien und Ritualen muß dabei nicht zwingend überzeugen. Schließlich kann die Wirkung solcher sakralen Mudras ebensogut durch die Macht des Glaubens erklärt werden. Andererseits hätte die Mudra als rituelle Geste kaum jene Beachtung und Entfaltung im asiatischen Raum gefunden, wenn ihr nicht eine natürliche ursprüngliche Magie zugrunde liegen würde. Ihre Mächtigkeit muß dabei, um anerkannt zu werden, den Gläubigen wie den Zweifelnden gleichermaßen erfassen und ihnen einen metaphysischen Raum eröffnen, in dem das jeweils indidviduell Erfahrene von gleicher Art ist. Die Gleichartigkeit des Erlebens wird bei spirituellen Mudras freilich oftmals nicht gegeben sein, da hier in besonderem Maße psychische Verhaftungen und verfestigte Heilserwartungen das Geschehen verfärben können.

Von der ursprünglichen Wirkung respektive Mächtigkeit einer Mudra können wir jedoch in überzeugender Weise etwas erahnen, sofern wir uns mit alltäglichen und ritualisierten Gesten auseinandersetzen. Denn mit der Geste verfügen wir über einen archaischen und archetypischen Zeichensatz, mit dem wir vor allem auf der emotionalen und unterbewußten Ebene kommunizieren. Diese wortfreie und dennoch beredte Kommunikation ist nicht nur augenfällig, sondern in hohem Maße von physischer und psychischer Kraft inspiriert, und dies manchmal mit solcher Stärke, daß wir die Geste in aller Unbefangenheit durchaus für zaubermächtig erachten mögen. Eine solche Annahme von der Zauberkraft der Geste ist in allen Kulturen mehr oder minder verwurzelt, weshalb sich unabhängig von dem asiatischen Sonderfall der Mudra überall rituelle Gesten verfestigen konnten. Diese tradierten Gesten sind durchaus den Mudras gleichzustellen, auch wenn sie bei weitem nicht deren Feinheit und Vielgestaltigkeit erreichen. Für die gelenkte Seelenkraft mittels Geste oder Mudra spricht zudem die verblüffend häufige Übereinstimmung von Gestalt und Gebrauch der Zeichen bei einem sich gleichenden Anlaß trotz unterschiedlicher kultureller Prägung der Gestikulierenden.

Geste oder Gebärde

Dem eigentlichen Wortsinn nach mag man die Geste als die räumlich kleinere und in ihrem Ausdruck verhaltenere Variante der Gebärde verstehen. In diesem Sinne wäre die Gebärde eher unbestimmt, während die Geste gesammelter und prägnanter erscheint. In einem erweiterten Verständnis unterscheidet sich jedoch die Gebärde von der Geste durch ihren sprachlichen beziehungsweise gedanklichen Inhalt. So steht die Gebärde häufig für eine konkrete Handlung oder Begrifflichkeit, die mangels akustischer Verständigung eingesetzt wird. Die konkrete Form solcher Gebärden entsteht dabei allmählich durch ihren einvernehmlichen Gebrauch unter den Beteiligten. Für Außenstehende bleiben diese Zeichen oft unverständlich; so bilden beispielsweise die verschiedensten Gruppen, etwa Sportler, Handwerker, Händler, ihre ganz speziellen, nur in ihren Kreisen gebräuchlichen Gebärden aus. Darüber hinaus kann ein solches gestisches Zeichensystem derart komplex werden, daß es sich zu einer eigenständigen Sprache entwickelt, wie dies etwa bei mönchischen Schweigeorden oder der Gebärdensprache der Gehörlosen der Fall ist.

Die Geste dagegen ist im Gegensatz zur Gebärde von keiner konkreten dinglichen Begrifflichkeit. Obwohl verhaltener, erscheint sie dadurch in ihrem Sinngehalt weiter und vielschichtiger. Dementsprechend versinnbildlicht sie überwiegend Modalitäten und Abläufe psychischen und emotionalen Erlebens. Daher ist die Geste als Medium dem Symbol gleichzusetzen. Beide sind an eine sinnlich wahrnehmbare Gestalt gebunden und bezeigen in dieser Form eine Zusammengeworfenheit. Geste und Symbol sind also in sich geschlossene Aussagen, die Urgrund, Entfaltung und Vollendung in unbestimmter und dennoch überschaubarer, einsichtiger und nachvollziehbarer Weise durch sich selbst offenbaren. Dabei folgt die unbedachte natürliche Geste in ihrer Ausformung und ihrem Verständnis offensichtlich einem uns eingeborenen archetypischen Zeichensatz. Diese urgründige Ausdrucksfähigkeit dürfte ihrerseits der Quell sein, aus dem sich die Maximen zur Gestaltung der Mudras ableiten.

Durch das mimische Potential unserer Hände sind wir imstande, unseren Gesten physische und psychische Präsenz von außerordentlicher Intensität zu verleihen. Durch sie können wir in unmittelbarer Weise unsere seelische Befindlichkeit offenbaren und fühlen uns andererseits als Betrachter ebenso unmittelbar in unserer Seele angesprochen. Ob wir mit der geballten Faust drohen oder beschwichtigend unsere Hand öffnen, ob wir sie zum Fluch gegen den Himmel heben oder dessen Segen erflehen; ob wir mit unseren Händen locken, schmeicheln, abwehren, mahnen, jubeln, preisen oder unserer Mißachtung Ausdruck geben, ob wir etwas sinnlich berühren oder gierig danach heischen, ja, selbst wenn wir unsere Bewegungen bewußt kontrollieren, um uns zu verbergen – stets verrät sich mit unserer Gestik auch unser Innerstes und wir können in unserer ganzen Wesenheit verstanden werden. Gefühlsregungen wie Freude und Trauer, Beglückung und Mißmut, Liebe und Abscheu, Mitleid und Härte, Hingabe und Kälte offenbaren sich solchermaßen nicht nur über unser Mienenspiel, sondern auch über unsere Hände und ihr Fingerspiel. Dabei gilt: Je einfacher die Geste ist, um so umfassender ist das durch sie Mitgeteilte beziehungsweise Empfundene. Halten wir etwa unsere waagrecht ausgebreiteten Hände gegen die Erde, so verbinden wir uns mit dem gesamten Erdkreis; richten wir sie indes zum Himmel, so öffnen wir uns dem numinosen Grenzenlosen. Hingegen grenzen wir die Aussage einer Geste um so mehr ein, je differenzierter wir sie ausformen und vortragen. Die Geste wird hierdurch bestimmter und tiefer, verliert aber zugleich durch ihre Zielgerichtetheit die Fülle ihres Ausdruckes. Dafür kann sie an Mächtigkeit, vor allem an magischer Kraft gewinnen. Betrachten wir hierzu die nachstehend beschriebene, nur wenig strukturierte *Mudra des Ausstoßes*, können wir etwas von der Intensität erahnen, die eine kenntnisreich komponierte Mudra in sich bergen kann.

Bei der Mudra des Ausstoßes krümmen Sie den kleinen Finger, während die anderen drei Finger Ihre Daumenspitze berühren. Mit einer schnellenden Bewegung strecken Sie darauf die aneinandergehaltenen Finger aus.

Diese Mudra vollführen wir als Geste himmelwärts, wenn wir einen plötzlichen Einfall haben beziehungsweise andere an der Kraft unserer Gedanken teilhaben sollen. Gegen die Erde gerichtet benützen wir sie, falls wir uns von Unnützem befreien oder die Verwerflichkeit einer Sache demonstrieren wollen. Je länger wir diese Mudra geöffnet halten, um so mehr Kraft verströmen wir dabei. Nach oben gerichtet wirkt sie dabei von inspirierender Mächtigkeit, während sie nach unten gelenkt von lösender und befreiender Art ist. Und je länger wir diese Mudra in ihrer geschlossenen Grundstellung halten, um so mehr konzentrieren wir die durch sie ausgestoßene Energie.

So wie beim indischen Tanztheater erst Mimik, Pose und Bewegung in Verbindung mit einer Mudra der Darstellung vollständigen Ausdruck verleihen, steht auch der Handausdruck bei der Geste in einer Wechselbeziehung zu Körperhaltung und Gesichtsausdruck. Dennoch kann die gestische Hand auch aus sich allein heraus sprechen. Wie bei der Gebärdensprache der Gehörlosen die Art und Weise der Bewegung ein Wort deklinieren oder konjugieren, in eine andere Zeit oder in den Komparativ setzen kann, kann sich durch die Dynamik oder Statik einer Geste deren Aussage und Effekt dramatisch verändern. Wir können dies etwa in besonderer Weise und zugleich in zauberhafter Manier beim Spiel eines klassischen Pantomimen, der sein Gesicht durch eine Larve verbirgt, beobachten. Bei der spezifischen Betrachtung einer Geste können wir dies bei folgender Handhaltung, einer *Indoktrinationsgeste* und *Heilmudra* beispielhaft ablesen.

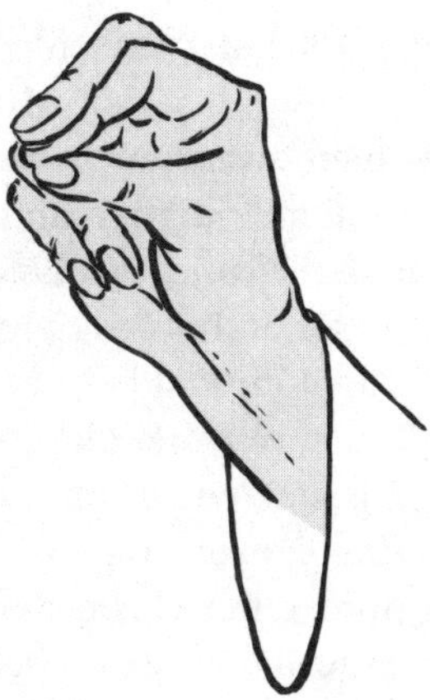

Beschreibung: Die Zeigefingerspitze wird von Daumen und Mittelfinger umschlossen; Ring- und kleiner Finger werden gegen die Handfläche gehalten. Bei der Indoktrinationsgeste wird die Hand im Rhythmus der Aussage mit kurzen Bewegungen nach vorne seinen Zuhörern entgegengestoßen. Als Heilmudra bleibt die Geste hingegen statisch.

Wirkweise: Diese Handhaltung können wir manches Mal bei Diskutanten beobachten, sobald sie persönliche Kernüberzeugungen zum besten geben. Durch die Fingerhaltung bündeln sie Willensbekundung und objektiven Ausdruck; zugleich konzentrieren sie ihre Egokraft im Zeichen des jeweils betonten Aspektes, wodurch sie rein äußerlich scheinbar hinter der Sache zurückstehen. Das durch die beiden gekrümmten Finger abgedeckte Handchakra verrät jedoch die selbstbezogene Absicht. Durch diese Geste wird scheinbare Objektivität und Lauterkeit demonstriert, tatsächlich aber dient sie sowohl der Indoktrination und Einschüchterung des Gegenübers als auch der inneren Festigung des eigenen Anspruches.

Dieselbe Geste ist jedoch auch als Heilmudra bekannt. Als solche wird sie zur punktuellen Übertragung von Heilenergie eingesetzt. Die oben beschriebenen ichbezogenen Aspekte dieser Geste erhalten bei der statischen Handhabung jedoch eine andere Qualität. Hier tritt nämlich der Heiler durch den umfaßten Zeigefinger mit seinem Ich tatsächlich zurück und begibt sich in die Rolle eines Mediums. Über Daumen und Mittelfinger fließt Lebenskraft und werden zugleich ordnende Impulse gesetzt.

Das Moment, das die Wirkungsverschiedenheit dieser in ihrer Grundhaltung gleichen Gesten bei der Mudra des Ausstoßes bestimmt, liegt im Unterschied zwischen bewegtem und starrem Vortrag. Hierdurch wird allerdings nur der hintergründige und eigentliche Effekt gesetzt, der den grundverschiedenen Energieausdruck auslöst und durch den sich der Status des Zeigefingers in entscheidender Weise verändert. So fließt einmal bei der dynamischen Geste die im Zeigefinger ruhende Egokraft trotz seiner zurückgenommenen Positionierung in den Impuls mit ein, während sie bei der statischen Handhabung als Heilmudra blockiert bleibt.

Ausdruck und Ausformung einer Geste stehen nicht nur in Zusammenhang mit unserer zeitweiligen seelischen Verfassung, vielmehr findet auch unsere körperliche Befindlichkeit durch sie ihren Ausdruck. Am deutlichsten geschieht dies durch die Art und Weise, wie wir unseren Körper mit unseren Händen berühren, um Wohlbefinden oder Schmerz zu signalisieren. Aber auch durch Dynamik und Tonus unserer allgemeinen Gestik verraten wir etwas von unserer physischen Verfassung und ihrer Ausrichtung. Fühlen wir uns unwohl, vollführen wir meist müde Bewegungen unterhalb unseres Herzens, während bei entsprechender Vitalität auch unsere Gestik lebhafter wird und sich meist in der Höhe unseres Herzens vollzieht. Unsere Hände und Finger sind somit Sensoren, die den Gleichklang von Körper und Geist widerspiegeln. Ist dieser Rhythmus gestört oder einseitig gewichtet, ist dies auch an unserem gestischen Ausdruck ablesbar, wobei dieser allerdings nicht zwangsläufig in sich unharmonisch erscheinen muß.

Am eingängigsten läßt sich dieser Gleichklang an der unterschiedlichen Haltung unserer Fäuste beschreiben. Solange wir einigermaßen gelöst sind, ballen wir nur selten die Hand zur Faust. Formen wir dennoch eine Faust, so schließen wir in der Regel die vier Finger und legen den Daumen gegen den Zeigefinger. Diese Handhaltung zählt zu den *Lotosmudras* und versinnbildlicht eine Lotosknospe, sobald die Faust nach vorne gerichtet und mit der Daumenspitze nach oben gehalten wird. Diese Mudra wird im Shingon häufig zu Beginn eines Mandalas, einer aufeinander abgestimmten Abfolge von Mudras für eine bestimmte Andacht, geformt. Sie ist ein Zeichen der Sammlung und Entschlossenheit. Energetisch wirkt sie konzentrisch für die Person, das bedeutet, das Selbstbild einer Person schafft sich einen eigenen Schwerpunkt. Wird indes der Daumen zur Seite gebogen und vor die geschlossenen Finger gehalten, so erhalten die genannten Eigenschaften eine aggressive Note. Diese Handhaltung wird *Mushtimudra* genannt. Wird sie mit beiden Händen geformt, steht sie für jene Eigenschaften, die dem Planeten Mars zugedacht werden. Die angestrebte Sammlung ist mit dieser Mudra im Gegensatz zur Lotosmudra nicht ausschließlich auf sich selbst bezogen, vielmehr umschließt sie auch ein imaginiertes Äußeres. Folglich fließt die Energie dieser Geste nicht mehr nur konzentrisch, sondern ebenso vorwärtsdrängend, wenn auch noch in unbestimmter Weise. Als unbewußt ausgeführte Geste signalisiert die Mushtimudra häufig Schmerz und eine merkliche Anspannung.

Von ganz anderer Art ist indes eine Faust, bei der der Daumen von den vier Fingern umschlossen wird. Zwar ist auch sie eine Geste der Sammlung, allerdings eher in Form einer Einkehr, der eine dramatische Entäußerung voranging. Wir können sie bei Säuglingen, deprimierten Menschen und Sterbenden gleichermaßen beobachten. Der unter den Fingern verborgene Daumen steht sinnbildlich für Daseinskraft und gewollte Präsenz. Umschließen wir ihn, entziehen wir uns dem Äußerlichen. Während diese Geste beim Säugling auf seine noch verhüllte Person hindeutet, weist sie beim Sterbenden auf Rückzug und mit Entäußerung verbundene Verinnerlichung hin. Im Mandala steht diese Mudra des *Daumenfassens* für demutsvolle Unterwerfung und soll eine Lösung von materieller Ich-Verhaftung bewirken. Energetisch wirkt sie zwar zentrierend, aber nicht konzentriert, in gewisser Weise geht mit ihr eher ein gelöstes Ausmessen der eigenen Wesenheit einher. Diese Geste darf nicht mit der des *Daumendrückens* verwechselt werden, durch die wir unseren Mitmenschen Glück wünschen. Zwar ist auch sie eine Geste der Entäußerung, allerdings durch den ausgeübten Druck in gewolltem und zielgerichtetem Sinn. In symbolischer Weise opfern wir den damit Beglückten ein wenig von unserer Lebenskraft, damit er sein Geschick auf das Erhoffte hin zu lenken vermag. Im übrigen wird die Geste des Daumendrückens meist so ausgeführt, daß nur das obere Daumenglied umfaßt wird. Dies entspricht einer *Yonimudra.* Mit dieser Mudra, von der es mehrere Ausformungen gibt, wird ein ursprünglicher weiblicher Aspekt im Menschen angesprochen. Die Geste symbolisiert auch kein völliges Aufgeben, da mit dem sichtbaren Daumenunterglied urgründige Sensibilität und unverbrüchliche Daseinsbekundung angesprochen werden. Und somit spricht die Geste Schöpfungsfähigkeit und Schöpfungsbereitschaft an, während zugleich dem aktiven Schaffensmoment, der Schöpfungskraft, ein Raum geöffnet wird.

Bei einfach strukturierten Gesten verwischt sich indes die zu Beginn dieser Betrachtung gezogene Grenze zwischen Geste und Gebärde, sind sie doch ähnlich der Gebärde auf Grund ihrer Einfachheit in ihrem Ausdruck gleichermaßen konkret wie umfassend. Die Verschiedenheit beider Ausdrucksformen läßt sich lediglich noch an ihrer eigentlichen Intention festmachen. Demzufolge wäre die Geste das bewußt gesetzte Zeichen, während die Gebärde die sichtbare Äußerung aus dem Umgeformten und Unbewußten ist. Ein klassisches Beispiel hierfür ist die *Abhayamudra,* die Geste der Schutzgewährung, auch Ermutigungsgeste genannt. Sowohl als Gebärde wie auch als Geste ist sie von gleichem Sinngehalt, der freilich bei der bedachten Geste um etliches tiefer ist.

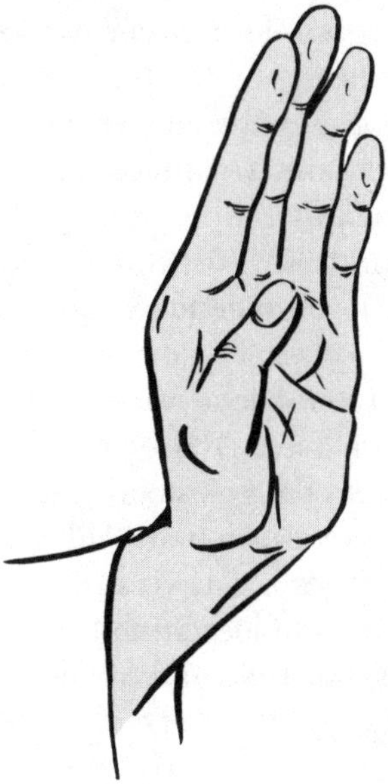

Beschreibung: Die gelöst geöffnete Hand, meist ist es die rechte, wird in Schulterhöhe gehalten. Die Handfläche weist nach vorne, der Arm ist leicht gebeugt. Wird die Geste mit beiden Händen ausgeführt, verstärkt sich ihre Aussage in entsprechender Weise.

Wirkweise: Als Gebärde ausgeführt verstehen wir diese Handhaltung als Friedens- und Beschwichtigungsgeste. In sinnverwandter Weise öffnen wir unsere Hände auch spontan zur Gefahrenabwehr. Solchermaßen bekunden wir die von uns beanspruchte schützende Sphäre um uns. Gleichzeitig zeigen wir aber auch Bereitschaft zur Kommunikation mit unserem Gegenüber. Halten wir indes unsere Finger durchgestreckt, so wirkt unser Schutzgebaren ultimativ, und wir signalisieren die grundsätzliche Ablehnung eines Austauschs.

Als Geste ist dies eine Mudra von göttlicher Natur, wurden und werden doch in dieser Gestalt viele Gottheiten rund um den Globus und in allen Kulturen dargestellt. Die erhobene Hand erlaubte es dem Gläubigen, sich dem Numinosen ohne Furcht zu nähern und gleichzeitig des Schutzes der göttlichen Allmacht teilhaftig zu werden. Die tiefe Bedeutung dieser Geste erkennen wir etwa in der Legende, nach der sie von Buddha gestiftet wurde, um der Menschheit ein Leben ohne Furcht zu verkünden (siehe Seite 102). Ein mit dieser Mudra dargestellter Buddha symbolisiert das aus seiner Verbundenheit mit der göttlichen Liebe erwachsene Versprechen, den Menschen von dem Leid seiner Existenz zu befreien.

Energetisch betrachtet wirkt die gelöste Geste durch das geöffnete Handchakra (siehe Seite 67) beruhigend. Seine Kraft verströmt sich wie ein warmer Quell. Darüber hinaus offenbart sich der Ausführende, indem er mit der Innenfläche seiner Hand auch sein Wesen nach außen kehrt. Selbstbewußtsein, Wissen um die eigene Kraft, die Größe der Gewaltlosigkeit und die gelöste Verbundenheit mit einem transzendenten Raum wird somit durch die Abhayamudra vermittelt. Ist die Hand hingegen durchgestreckt, verströmt sich die Kraft aus dem Handchakra nicht mehr, sondern strahlt in gebündelter Form. Dementsprechend wirkt sie abhaltend und trennend.

Von der Geste zur Mudra

Von dem urzeitlichen Augenblick an, da wir Menschen uns selbst erkannten, dürften wir wissen, daß wir mittels unserer Gestik auch unser Innerstes preisgeben. Da wir in jener Vorzeit die Welt nicht rational, sondern magisch verstanden, wurde uns die Geste zum Ausdruck einer ominösen Kraft, zumal sie im Gegensatz zum Wort ersichtlich Wahrheit mit sich trug. Die Mächtigkeit, durch die Geste zu locken oder zu bannen, begriffen unsere Ahnen offensichtlich als Ausdruck einer ihnen innewohnenden magischen Befähigung. Und so dürfte es ihnen sehr schnell zu einer Selbstverständlichkeit geworden sein, mit Hilfe der Geste Bedrohliches zu bannen und Erwünschtes in magischer Weise herbeizuzwingen. So ist beispielsweise die Abhayamudra auch ein apotropäischer Archetyp, ein abwehrendes magisches Zeichen von ursprünglicher Kraft. Als das Böse und vor allem bösen Zauber abwehrende Geste ist sie in allen Kulturen verwurzelt.

Durch das magische Verständnis der Geste wurde sie auch zwingend zu einem kultischen Mittel. Ein Ritual ohne vorgetragene Geste käme uns von daher heute wie ehedem unvollkommen und kraftlos vor. Mag anfänglich noch eine elementare Gestik den rituellen Zeichensatz bestimmt haben, so dürfte seine Diktion alsbald auch nach pathetischen Gesichtspunkten erweitert und komponiert worden sein. Dem Ursprünglichen der Geste wurde Symbolhaftes zugefügt und somit ein sakraler Gestus geschaffen. Die solchermaßen mystische Geste wurde von dem Priester vollführt, um der heiligen Handlung und der heiligen Formel eine wahrnehmbare Gestalt zu verleihen. Zugleich wurde dem Wort und dem Geschehen des Gottesdienstes durch die Geste zusätzlicher Sinn und Wert verliehen.

Solange die Geste jedoch in solch formelhafter Symbolik verblieb und sich dabei in ihrer Gestalt nicht allzuweit von ihrem ursprünglichen Gehalt entfernte, blieb sie ein undifferenziertes magisches Medium. In dieser Weise begegnet sie uns etwa auch bei den Andachten der nicht orthodoxen christlichen Kirchen. Um die Geste vom gemeinen Magieverständnis zu lösen, mußte ihr eine weitergreifende Bedeutung unterlegt werden. Sie mußte mehr sein als ein Instrument demonstrativer Zaubermächtigkeit. Eine weiterreichende Auffassung der Geste als sakrales oder transzendentes Zeichen war allerdings für sich allein nicht genug, damit sich die Qualität der Geste verändern würde. Wir können dies beispielsweise an der Bedeutung der Geste im Kult der Pharaonenreiche ablesen. Der gestische Ausdruck war zwar entsprechend vielfältig, doch die einzelnen Zeichen waren nur wenig strukturiert. Sie waren nicht viel mehr als ein Moment in einer umfassenden kultischen Choreographie. Wegen ihres Gehalts und ihrer Symbolhaftigkeit fanden verschiedene Gesten zwar Eingang in die Schrift und Verwendung als eigenständige Hieroglyphen und erfuhren hierdurch auch in gewisser Weise eine magische Überhöhung. Dennoch genügte diese Sinnsteigerung nicht, damit sich aus der formelhaften Geste ein den Mudras ähnlicher Zeichensatz entwickeln konnte.

Damit sich die Geste vom zauberkräftigen in ein transzendentes Zeichen wie das der sakralen Mudra wandeln konnte, mußte es nicht nur Sinnsteigerung, sondern auch Strukturierung erfahren. Eine solche Strukturierung der Geste konnte jedoch nicht von beliebiger Art sein. Die Geste bliebe ansonsten so gut wie inhaltslos und weiterhin nur formelhaft. Vielmehr mußte der Sinnsteigerung, wie etwa der Darstellung göttlicher Aspekte durch die Geste, auch die sich entwickelnde Differenzierung unterworfen sein. Die Struktur der Geste mußte folglich auf einer vermittelbaren Systematik aufbauen. Waren Geste und Gebärde Urformen, die einen magischen Raum beschrieben oder sich aus einem solchen Raum herausbildeten, so mußte die Mudra in diesen Raum hinein geformt werden und quasi durch sich selbst Aspekte dieses Raumes erkennbar kristallisieren. Zur Mudra wurde so anfänglich eine Bewegung, mit der der Suchende ins Transzendente griff. Die Mudra formte sich, und der Suchende spürte dem physischen und psychischen Eindruck dieser Form nach – übrigens eine Methode, wie Sie spezielle Mudras für persönliche Anliegen kreieren können (siehe Seite 160). Die so erfahrenen Strukturen, die sich im Wechselspiel von Handhaltung und Empfindsamkeit herausbildeten, verhalfen darauf auch zu einer Systematik, die für die weitere Ausformung der Mudras maßgeblich wurde (siehe Kapitel »Formende Prinzipien der Mudras« Seite 119). Frei nach dem Motto Pascals, das er niederschrieb, als er über einen ihm noch verborgenen mathematischen Lehrsatz sinnierte: »Du würdest mich nicht suchen, wenn du mich nicht schon gefunden hättest«, konnte sich so der Suchende einen mystischen Raum erschließen und mittels der Mudra seine Entsprechung auf der materiellen Ebene darstellen. In der Wechselwirkung bedeutete dies aber auch, daß einem Adepten, sobald er die gefundene Mudra formte, ein gleichartiges mystisches Erleben widerfuhr. Die Mudra wurde so zu einem Schlüssel der Transzendenz.

Dabei ist bemerkenswert, daß die Menge der Mudras relativ beschränkt ist, obwohl es an denkbaren Handhaltungen eine unbegrenzte Zahl von Möglichkeiten gäbe. So gibt es allein 18 klar unterscheidbare Variationen für die Haltung der flachen Hand, bei denen nur der Daumen in verschiedene Stellungen gebracht wird. Würde man noch die acht grundsätzlichen räumlichen Ausrichtungen der Handfläche mit berücksichtigen, ergäbe dies allein für eine Hand 144 Möglichkeiten. Für beide Hände und bei weiteren Festlegungen der

Positionen zum Körper käme man sehr rasch auf etliche tausend Varianten für dieses einfache Muster.

Die Wechselbeziehung von Geste und Geist

Um selbst nachvollziehen zu können, wie sich uns per Mudra ein metaphysischer Raum erschließen läßt, ist es nicht unbedingt erforderlich, eine fixierte Mudra nachbilden. Viele Mudras offenbaren uns nämlich die ihnen innewohnenden Kraft erst nach Ausbildung einer gewissen Sensitivität. Es genügt statt dessen bereits, simple Gesten zu wiederholen, um die ihnen eigene Stimmung nachempfinden zu können, ohne daß man sich zuvor selbst in einer solchen Gemütsverfassung befand.

Ballen Sie beispielsweise bei guter Laune Ihre Faust zur Mushtimudra (siehe Seite 29) und lassen Sie sich auf den Gemütseindruck ein, den Ihnen diese Geste vermittelt, so werden Sie unvermittelt eine entsprechende Grimmigkeit empfinden. Setzen Sie andererseits in einer Phase des Mißmuts ein Lächeln auf und heben dazu Ihre Hände scheinbar wohlgelaunt in die Höhe, wird Sie sehr rasch eine ungewollte Heiterkeit erfassen. Verschränken Sie abwehrend die Arme vor Ihrer Brust, werden Sie Überlegenheit und Distanz empfinden, und beginnen Sie Däumchen zu drehen, wird sich bei Ihnen ein gewisser Gleichmut einstellen. Sie können sich in dieser Weise auch an anderen alltäglichen Gesten versuchen.

Daumendrehen, in unserer Kultur eher eine unbewußte Geste, die Abkapselung und Langeweile anzeigt, ist im Qigong eine Mudra, die bewußt eingesetzt wird, um Nerven und Geist zu beruhigen und eine innere Ruhe zu befördern. Allerdings werden dafür nicht die Daumen beider Hände gegeneinander gedreht. Vielmehr strecken Sie die flach zusammengehaltenen Hände nach vorne. Daraufhin drehen Sie die aufgerichteten Daumen zusammen eine Weile von links nach rechts und wechseln danach die Richtung. Behalten Sie dabei Ihre Daumen im Auge, so bleibt die Bewegung gleichmäßig. Bei ungeübten Händen genügen anfänglich 24 Umdrehungen in beide Richtungen. Ansonsten sollte die Übung von Männern 49mal und von Frauen 36mal in jede Richtung ausgeführt werden.

In der Antike wurden die Hände als das äußere Pendant des menschlichen Gehirns angesehen. Und da man wiederum den Geist des Menschen in seinem Gehirn lokalisierte, betrachtete man das Handlesen als eine Wissenschaft, Cheirosophie genannt, um das Wesen des Menschen zu erforschen. Daß unsere Altvorderen damit weit mehr erahnten, als sie eigentlich wissen konnten, bestätigt die Hirnforschung unserer Zeit. So wissen wir heute, daß die zehn Finger des Menschen in seinem Gehirn auf 60 Prozent der Hirnoberfläche repräsentiert werden. Testreihen in Dänemark und den USA ergaben, daß einfache Fingerübungen die lokale Hirndurchblutung um fünf bis fünfzehn Prozent im Vergleich zur Ruhedurchblutung zu steigern vermögen. Bei ähnlichen experimentellen Untersuchungen an Menschenaffen kam man zu dem Ergebnis, daß ein Ringdrehen von täglich zweimal 30 Minuten bei diesen Tieren zur Vergrößerung der entsprechenden Repräsentationsflächen im Gehirn führte. Nach dem Nobelpreisträger und Neurophysiologen Sir John Eccles verbessert sich in solchen Fällen die Funktionsleistung der Nervenzellen der Hirnrinde durch Zunahme von Verästelungen (Dendriten) und insbesondere von deren sogenannten Knospen *(spines)*. Diese sind verantwortlich für das Kurzzeitgedächtnis eines Menschen, das sich mit dem Alter gemeinhin verschlechtert. Darauf aufbauend hat der Sportmediziner Prof. Wildor Hollmann seinerseits in Zusammenarbeit mit dem Max-Planck-Institut für Hirnforschung Untersuchungen an der Kernforschungsanlage Jülich durchgeführt. Er kommt dabei zu dem Ergebnis, daß einfache, nur wenige Minuten dauernde Fingerübungen über den Tag verteilt im Alter die hirnorganischen Voraussetzungen für Gedächtnisleistungen und somit die Gedächtnisfähigkeit ersichtlich verbessern. Fingerspiele, bei denen beispielsweise alle zehn Finger wie beim Maschineschreiben bewegt werden, erhöhen dabei die Durchblutung von 70 Prozent der Gehirnmasse um etwa ein Viertel. Möglicherweise ist Fingerbeweglichkeit auch ein Grund dafür, warum Pianisten von allen Musikern am ältesten werden.

Eine Möglichkeit, sich ein Übungsprogramm zur Fingergymnastik zu gestalten, das über die reine Übung hinaus auch einen gewissen Nutzen hat, ist das internationale Fingeralphabet der Gehörlosen, das unten gezeigt und erläutert wird. Üben Sie es zweimal täglich nacheinander mit der rechten und der linken Hand.

Die manuelle Sprache der Gehörlosen wirkt sich in besonderer Weise auf deren Sensibilität aus. Dabei legen viele Gehörlose auch auf einen besonders ästhetischen Ausdruck der Gebärde Wert. So veranstalten sie beispielsweise Wettbewerbe im Vortrag von Gebärdengedichten und Gebärdenerzählungen. Wer solchen Veranstaltungen als Zuschauer beigewohnt hat, wird von der Anmut und Intensität des Vortrages verzaubert sein, selbst wenn er der Gebärdensprache nicht mächtig ist.

Die seit der Antike kolportierte Ansicht, Gehörlose seien einfältig, derb und von grobem Charakter – Aristoteles äußerte sich beispielsweise in diesem Sinn –, ist ein beklagenswertes Vorurteil, das auf der behinderungsbedingten Sprachbarriere und der damit verbundenen Kommunikationseinschränkung beruht. Wem die Gelegenheit gegeben ist, unter Gehörlosen weilen zu dürfen, der wird feststellen, daß es sich um eine ungewöhnlich selbstbewußte Behindertengruppe handelt und daß die meisten unter ihnen über mehr Sensibilität, Offenheit und unverbildete Menschlichkeit verfügen, als uns diese Eigenschaften gemeinhin im Alltag begegnen.

Das internationale Fingeralphabet

Als Übung empfiehlt es sich, das Fingeralphabet zweimal täglich nacheinander mit der linken und der rechten Hand auszuführen. Üben Sie das Fingeralphabet vor einem Spiegel, trainieren Sie damit zugleich Ihre Lesefähigkeit für diese Zeichen.

Obgleich die einzelnen Zeichen des internationalen Fingeralphabets weitgehend nach dem Schriftbild konzipiert sind, indem sie sich an dessen Konturen ausrichten, haben die meisten von ihnen auch eine eigenständige Bedeutung als Mudras. So entspricht etwa das Zeichen für »S« der Mushtimudra. Da allerdings nicht alle dieser zuordenbaren Mudras in diesem Buch beschrieben sind, wurde auf eine Verknüpfung der Buchstabenzeichen mit den verschiedenen Mudras in der nachfolgenden Auflistung grundsätzlich verzichtet. Dafür wird die jeweilige Wirkweise skizziert, die dem Zeichen zukommt, sofern es als Mudra ausgeführt würde:

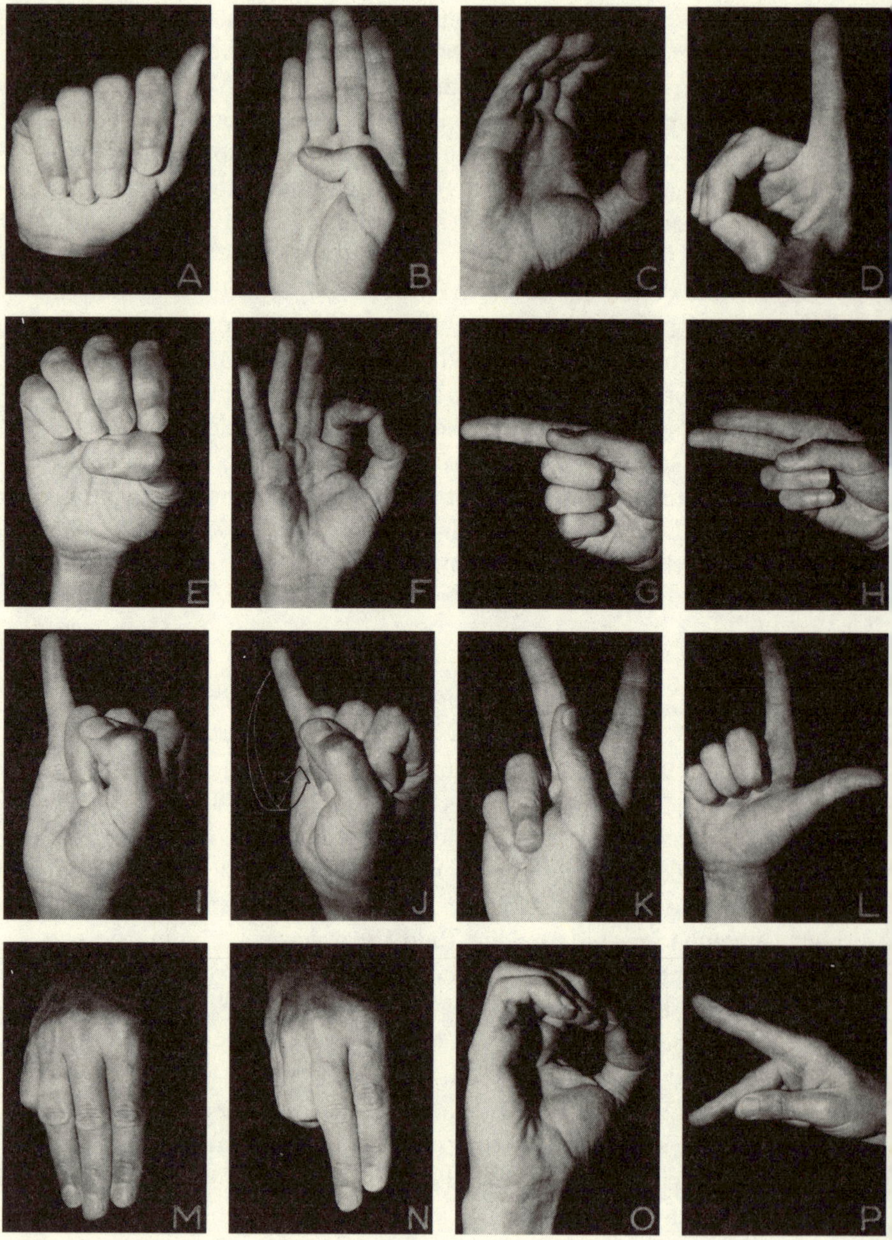
A
B
C
D
E
F
G
H
I
J
K
L
M
N
O
P

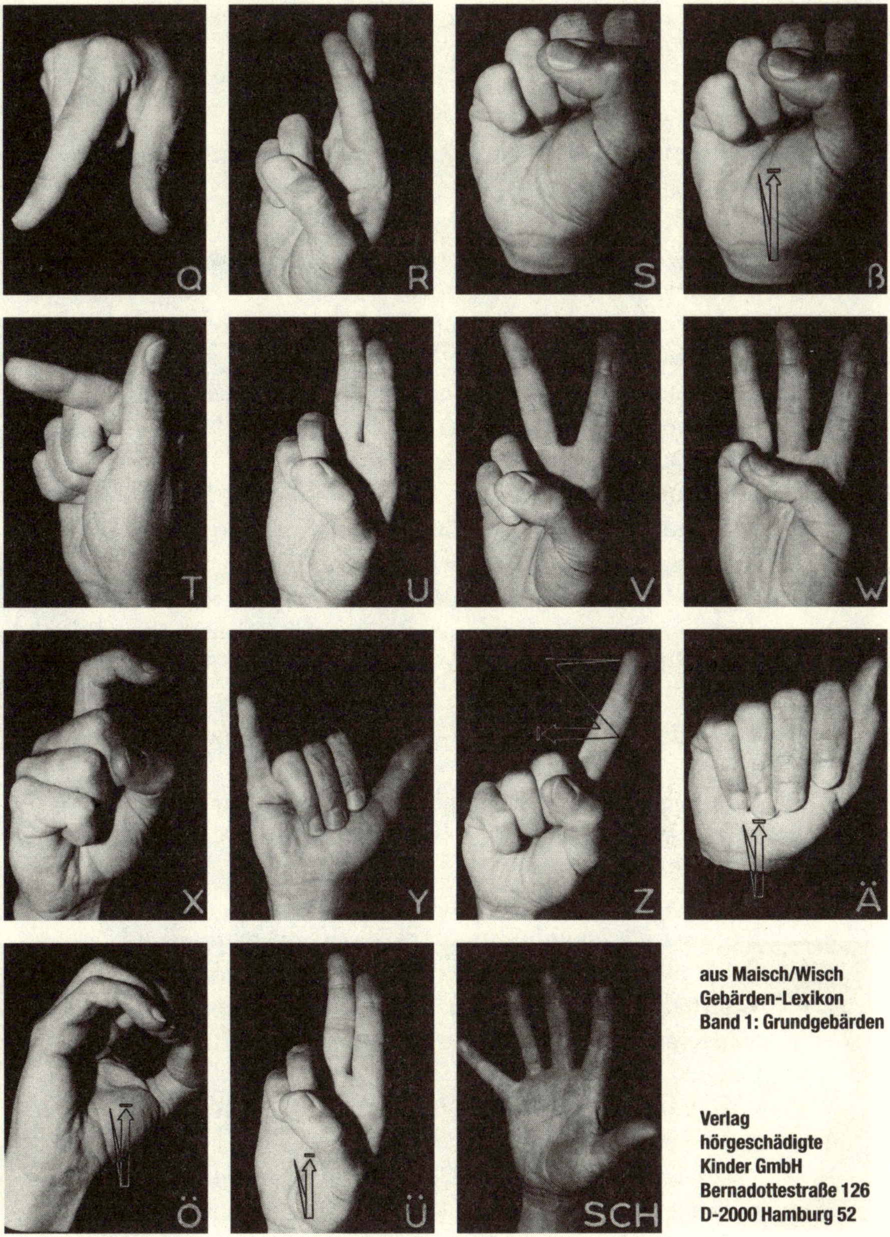

aus Maisch/Wisch
Gebärden-Lexikon
Band 1: Grundgebärden

Verlag
hörgeschädigte
Kinder GmbH
Bernadottestraße 126
D-2000 Hamburg 52

A	Sammlung und Entschlossenheit, Nachdenklichkeit
B	rationale Willensäußerung, sich hinter einer Maske verbergen
C	Kraft schöpfen, nach innen lauschen, dem Äußeren seine gute Seite zuwenden
D	Aufmerksamkeit, Wahrheitsempfinden, verbrauchte Energie abgeben
E	seelische Kraft aus sich selbst heraus schöpfen, Wahrheitssuche
F	Demut, sich zurücktretend offenbaren, transzendenten Zuspruch erflehen
G	Unheilvolles abwehren, für sich selbst einstehen, Durchsetzungswille
H	Suche nach innerer Ordnung und Wahrhaftigkeit
I	Streben nach Selbsterkenntnis, Zweifel, sprachliche Überzeugungskraft, intellektuelle Herausforderung
J	in Kommunikation treten
K	widerstehen, Suche nach Gesetzmäßigkeit, Vertreten von Prinzipien, sich an Notwendigkeiten orientieren
L	das Ich behaupten, Selbstgefälligkeit, Subjektivität
M	Anpassungsbereitschaft, sich dem Alltäglichen zuwenden, Freundlichkeit zeigen
N	Kraft schöpfen, Leidenschaft, den Alltag meistern
O	sich auf die eigene Kraft besinnen, einem inneren Ton nachspüren
P	lehren, eine Richtung vorgeben, sich Neuem zuwenden
Q	verharren, auf dem Gegebenen aufbauen, Notwendigkeiten nachspüren
R	umlenken, Einfluß ausüben, Selbstsicherheit
S	Aggressivität, in unbestimmter Weise vorwärtsdrängend
T	Selbstzweifel überwinden, auf die eigene Stärke setzen
U	Wahrhaftigkeit, sich bekennen, sich einem Sinn unterordnen
V	Schlechtes abwehren, seine Mächtigkeit zeigen, dem eigenen Gesetz folgen
W	sich auf die innere Stimme besinnen, Höherem aus sich heraus zustreben
X	Zweifel und Unsicherheit, sich vor einem Angriff wappnen
Y	Extremes ausloten, Gegensätzliches in sich entdecken, Streitbarkeit und Versöhnung anzeigen

Z Selbstbekundung
SCH Befriedung und Schutz, sich unverstellt offenbaren
Ä sich eines höheren Beistands versichern, Vertrauen suchen
Ö Heiterkeit, Kraft schöpfen und verbrauchte Energie freisetzen, Redseligkeit
Ü Schöpferkraft, Inspiration, gutes Gelingen, Vertrauen

Die innere Kraft der Mudra

Mudras wirken energetisch, und durch eine Mudra wird Energie gelenkt. Gleichwohl ist es bei diesen wie bei allen anderen Übungen, die unsere Seelenkraft stärken, sehr heikel, von Energie zu sprechen. Ist doch ein derart verwendeter Energiebegriff im allgemeinen nur eine vage Umschreibung für einen Prozeß, den wir zwar empfinden, jedoch so gut wie nicht messen können. Wie wollen wir auch seelische Kraft oder eine leidenschaftliche Belebung, aus der wir Stärke, Tatkraft und physisches Wohlbefinden schöpfen, objektiv messen. Sicher, wir mögen bei solchen Übungen spüren, wie uns eine scheinbar externe Kraft zufließt und uns förmlich aufrichtet, doch ist ein solches Empfinden keine Erklärung für den Vorgang. Nach rationalen Gesichtspunkten können wir hinter Geschehen dieser Art ebensogut Autosuggestion oder einen schlichten Placeboeffekt vermuten. Auch etwaige hierbei zu beobachtende physiologische Veränderungen mindern eine solche Deutung nicht. So ist es, um ein anschauliches Beispiel zu geben, keineswegs sicher, warum Vegetarier gemeinhin gesünder und langlebiger sind als Fleischesser. Neben der keineswegs zwingend gesünderen Ernährungsform wird nämlich vielfach nur ein generell höheres Gesundheitsbewußtsein der Vegetarier als eigentliche Ursache vermutet. Und so mag sich auch das einfache Wissen um den Zweck ganzheitlicher Übungen entsprechend psychosomatisch auswirken beziehungsweise unsere Einstellung zu Leib und Seele im gewollten Sinne grundlegend verändern.

Nichtsdestotrotz bin ich von der tatsächlichen transzendent energetischen Wirkweise der Mudras überzeugt. Seit mehreren Jahren führe ich in Zusammenarbeit mit dem Institut für Hochfrequenz-Sofortbildfotografie (HFS) in Unterschleißheim bei München Versuchsreihen durch, bei denen wir der Kraft unterschiedlicher Mudras nachspüren. Die angewandte Untersuchungsmethode ähnelt der der Kirliangrafie, einem elektrooptischen Diagnosesystem.

Es handelt sich dabei um eine fotomechanische Diagnostik, bei der mittels eines Hochfrequenzfeldes die Korona der Fingerspitzen auf einem Bildträger sichtbar gemacht werden kann. Dieses Bildverfahren wurde von dem russischen Ehepaar Valentina und Semjow Kirlian in den dreißiger Jahren entwickelt. Es fußt auf den Versuchen diverser Spiritisten, die mit der Erfindung der Fotografie auch die Möglichkeit verfolgten, die Aura des Menschen sichtbar festzuhalten. Den Kirlians gelang es dabei, mit ihrer Technik erstmals ein reproduzierbares Verfahren vorzustellen, das, wenn auch beschränkt, medizinisch-diagnostisch einsetzbar war. Zugleich gelang, zumindest partiell, der Nachweis der von Hellsichtigen behaupteten menschlichen Aura. Diese Aura wird mit der feinstofflichen Energie des Menschen gleichgesetzt, und als solche steht diese Kraft wiederum auch in enger Wechselwirkung mit der Wirksamkeit von Mudras, worauf noch ausführlich eingegangen werden wird. Eine qualitativ bemerkenswerte Weiterentwicklung der Kirliangrafie ist das von dem Münchner Pädagogen Hans-Christian Seidl entwickelte HFS-Bildverfahren. Ausgehend von der Überlegung, daß sowohl Lernbehinderung als auch Verhaltensstörungen bei Kindern nicht nur als soziale, sondern auch als energetische Prägungen aufgefaßt werden könnten, entwickelte er ein Bildverfahren, das erstmals die technische Darstellung des feinstofflichen Status eines Menschen ermöglichte.

Im Gegensatz zur Kirliangrafie, die mit Hochspannung und Film arbeitet, wird beim HFS-Bild nur Niederspannung eingesetzt und es werden Polaroid-Bildträger verwendet. Dadurch sind wir imstande, die Funktion der Meridiane und das bioenergetische Zusammenspiel der Yin- und Yang-Kräfte gemäß der Auffassung der chinesischen Medizin darzustellen. Darüber hinaus können wir auch das Wirken der Chakrenkraft abbilden, die bei der Formung von Mudras eine herausragende Rolle spielt. (siehe hierzu Kapitel »Formende Prinzipien der Mudras« Seite 119). Grundlage all dieser diagnostischen Möglichkeiten bildet das auf Polaroid festgehaltene Energiemuster der Fingerkuppen einer Hand. Schließlich sehen wir uns auch in der Lage, an Hand von Artefakten auf dem gewonnenen Bild mentale Gegebenheiten zu deuten und kausale Kräfte aufzuzeigen. Dabei sind Artefakte in diesem Zusammenhang elektrotechnisch bedingte »Störsignale« auf dem Bildträger, während die erwähnten kausalen Kräfte entsprechend esoterischer Begrifflichkeit als höheres Selbst verstanden werden können.

Bei unseren experimentellen Untersuchungen konnten wir feststellen, daß die Anwendung von Mudras erkennbar die mentale und physiologische Situation der Probanden beeinflußte. Die damit einhergehenden »sphärischen« Veränderungen und die dabei von uns vermutete ursächliche energetische Wirkweise seien am Beispiel der *Ajnamudra* erläutert:

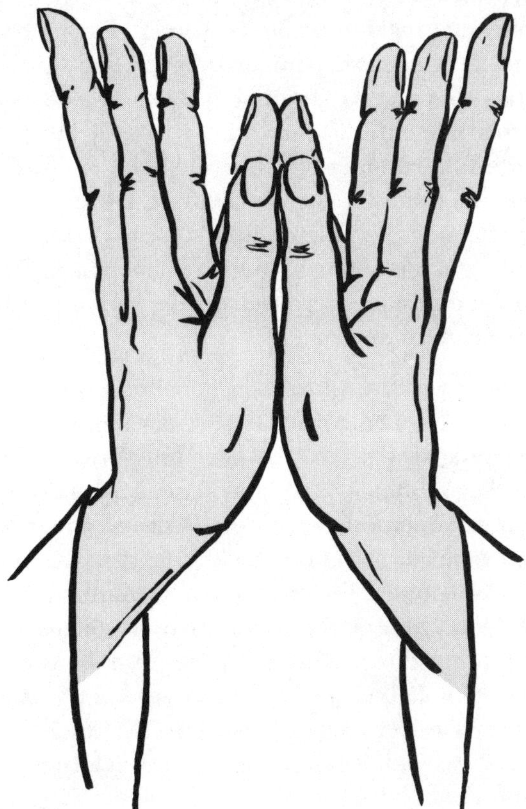

Beschreibung: Beide Daumen und die beiden kleinen Finger werden plan aneinander gelegt. Handkanten und Handballen berühren sich in gleicher Weise. Die Handflächen werden leicht gerundet. Zeige-, Mittel- und Ringfinger werden schräg abgestreckt. Die Mudra ähnelt einer geöffneten Blüte und wird von daher im Shingon auch achtblättriger Lotos genannt. In der indischen Tradition steht sie für eine halb geöffnete Lotosblüte und entspricht von dieser Symbolik her in vollkommener Weise dem sechsten Chakra.

Wirkweise: Diese Mudra ist ein Symbol bewußter Andacht und Hingabe. Wird sie geformt, so besinnt sich der Mensch auf seine Gegensätzlichkeit, um sie zu überwinden. Licht- und Schattenseite der Seele, Daseinswille und Transzendenzverlangen werden durch die zusammengehaltenen Finger miteinander vereint. Dadurch vermag man über den Kreis der Gegensätze hinauszutreten und sie als ein aufeinanderbezogenes Ganzes zu erkennen. Diese Sicht befördert die Selbsterkenntnis. Gleichzeitig verbinden sich subjektives Wollen und objektive Forderung zu einer gleichgewichtigen Kraft. Die Folge ist ein passives Erahnen spiritueller Wirklichkeit. Die abgestreckten Finger und die zueinander geöffneten und konzentrierten Handchakren (siehe Seite 67) signalisieren nicht nur ein Sehnen nach Transzendenz, sondern auch die duldsame Bereitschaft, Begnadung und seelischem Wandel unterworfen zu werden.

Wird diese Mudra vor das Ajnachakra gehalten, so regt sie die darin geborgenen Kräfte an. Das Ajnachakra ist das feinstoffliche Energiezentrum, das häufig als das »dritte Auge« umschrieben wird. Es liegt zwischen den Augenbrauen über der Nasenwurzel. Werden dessen Kräfte geweckt, so verändert sich unsere Wahrnehmung der Wirklichkeit, indem wir eine vorurteilsfreie Sicht erlangen. Diese wird als unmittelbare Wahrnehmung, in der es keine Trennung zwischen Beobachteten und Beobachter gibt, umschrieben; sie gilt als unabdingbare Voraussetzung für wahre Selbsterkenntnis. Im esoterischen Sinne wird ein solches Geschehen als *Samadhi* bezeichnet, was sich am ehesten mit »kleiner Erleuchtung« übersetzen läßt. Freilich fordert ein solcher Prozeß etwas mehr, als nur eine Mudra zu formen, weshalb die Ajnamudra für sich auch nur einige Aspekte dieses Vorganges anregen kann. Insbesondere stärkt sie unser intuitives Feingefühl; Ideenreichtum, Einfühlungsvermögen und außersinnliche Empfindsamkeit können damit einhergehen, je nachdem in welche Richtung wir die uns zufließende Kraft lenken.

Die nachstehenden Abbildungen von Hochfrequenz-Fotografien geben den energetischen Prozeß bei der Formung der Ajnamudra wieder. Um die Wirkung der Mudra zu deuten, wurde das Energiemuster aller fünf Fingerkuppen der linken Hand vor der Übung sowie jeweils fünf Minuten und eine Stunde danach per Hochfrequenz-Fotografie festgehalten.

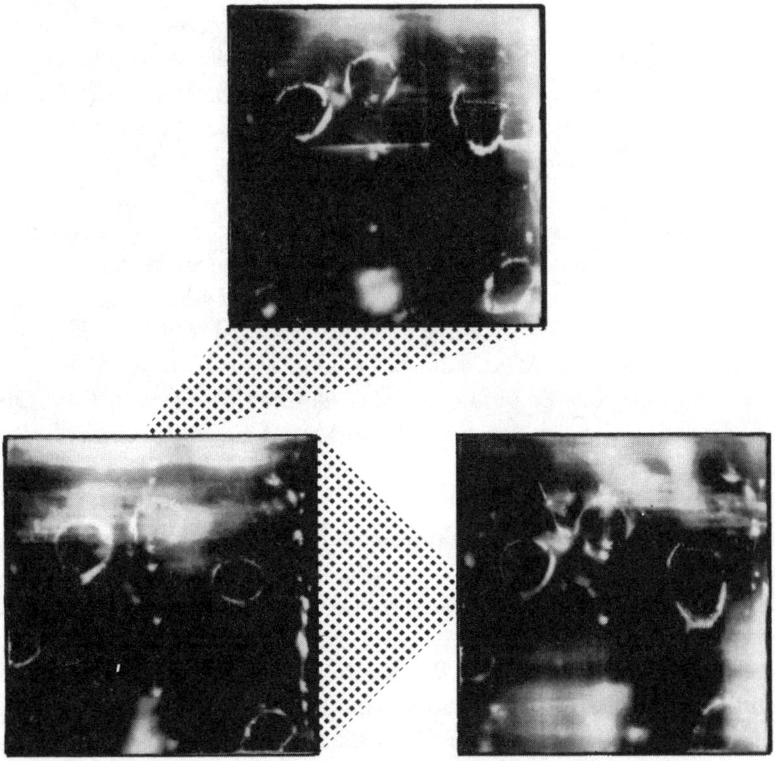

Das erste Bild zeigt den Status der Versuchsperson vor Ausübung der Ajnamudra. Der Daumen ist auf dem Bild rechts unten, der kleine Finger am linken Bildrand nur schwach zu sehen. Der helle Punkt in der Mitte am unteren Bildrand ist ein Reflex des Handchakras.

Das zweite Bild wurde fünf Minuten nach Ausübung der Mudra gefertigt. Obwohl die Hand in derselben Position wie zuvor in den Aufnahmerahmen gesetzt wurde, verschiebt sich, wie übrigens auch beim dritten Bild, das Muster der Fingerkuppen um ein Stück nach unten. Dies zeigt, daß eine starke transzendente Kraft durch die Mudra angesprochen wurde. Die körperliche Kraft erscheint versammelter als zuvor, was durch den gerundeten Zeigefinger und den helleren Halbkreis am kleinen Finger belegt wird. Die Einwirkung der transzendenten Kraft wird durch die Aufhellungen am oberen Bildrand sichtbar. Der meditative Zustand, der durch die Mudra ausgelöst wurde, offenbart sich zum einen am Zeigefinger. Der Energiering ist erkennbar geviertelt. Eine solche Viertelung gilt als Nachweis von Chakrenaktivität. Zudem sind Mittel- und Ringfinger durch helle Flecken teilweise überstrahlt. Helle Flecken dieser Art sind Hinweise auf wirkende kausale Kräfte, was bedeutet, daß die Person in präsenter Weise mit ihrem höheren Selbst verbunden ist. Die helle Kette am rechten Bildrand oberhalb des Daumens läßt vermuten, daß eine positiv stärkende Kraft aktiviert wurde und der Person zufließt.

Das dritte Bild wurde eine Stunde nach der Mudra aufgenommen. Das energetische Geschehen hat sich weiter verfestigt, was die anhaltende Wirkung der Mudra bestätigt. Auffallend ist die Größe des Energiekreises des Zeigefingers im Gegensatz zum ersten Bild. Dies läßt den Schluß zu, daß der durch die Mudra ausgelöste Prozeß mittlerweile verinnerlicht wurde und klärend auf die Psyche wirkt. Gestützt wird dieses Geschehen durch den vergrößerten Reflex des Handchakras am unteren Bildrand und durch die Verschiebung der kausalen Lichtflecken zu Mittel- und Zeigefinger. Die Person scheint dem Geschehen gegenüber nicht mehr Widerfahrende, sondern mittlerweile Erfahrende des Vorganges zu sein. Gleichwohl bleibt sie nach wie vor in meditativer Weise für den Impuls der Mudra geöffnet, was man an dem flächigen Zustrom kausaler Kraft über dem Daumen erkennt. Als Fazit kann man feststellen: Die Lebenswirklichkeit der Person hat sich zumindest für den Moment verändert, sie scheint in sich heil und ihrem ursprünglichen Selbst näher gerückt zu sein.

Ehrlicherweise muß man trotz der vorangegangenen Beschreibung der energetischen Wirkweise der Mudra feststellen, daß der tatsächliche Vorgang damit nur ausgedeutet wird. Von welcher Art die durch die Mudra wirkende transzendente Kraft ist und in welcher Form sie sich auf der psychischen und physischen Ebene transformiert beziehungsweise mit bioenergetischen Kräften verbindet, bleibt letztlich spekulativ. Dementsprechend vielfältig sind auch die Energiemodelle, die sich für dieses Phänomen anbieten, je nachdem ob sie von einem ganzheitlichen heilkundlichen Menschenbild abgeleitet werden oder ob dieses Menschenbild von einer esoterisch spirituellen Betrachtungsweise geprägt wird.

Vermutet man in erster Linie ein psychosomatisches Geschehen hinter der Anwendung von Mudras, mag man dazu neigen, in der wirksamen Kraft gemäß der chinesischen Lebensphilosophie einen *Qi-Fluß* zu erkennen. Folgt man indes indischen respektive ayurvedischen Anschauungen, mag man dahinter das Wirken von *Prana* sehen. Vom westlichen Verständnis her stände für diese Begriffe unsere Auffassung von Lebenskraft, welche wir in erweitertem Sinn auch als kosmische Energie umschreiben. Dabei gewinnt dieser diffuse Begriff in unserer Vorstellungswelt am ehesten Gestalt, sobald wir ihn dem Äther, dem fünften antiken Element, gleichsetzen. Diese Interpretation würde sich überdies auch anbieten, falls man dazu tendiert, ein metaphysisches Wirken als ursächlichen Impuls für das durchgreifende Geschehen bei der Formung einer Mudra anzunehmen. Energiemodelle aus spiritistischer Sicht würden diese Betrachtungen um ein weiteres differenzieren, ebenso wie Vorstellungen aus dem New Age, die ihrerseits gar imstande wären, die Kraft der Mudra in unser modernes physikalisches Weltbild einzugliedern.

Um die innere Kraft der Mudra und deren erfahrbare Wirkweise darzustellen, bleiben jedoch die erwähnten energetischen Vorstellungen im Grunde unzulängliche, weil der Ratio entsprungene Versuche der Annäherung. Letztendlich gilt für ein solches Bemühen in diesem Fall ebenso wie bei allem anderen seelischen Wirken, durch das wir über die Grenzen unserer Sinne hinaus empfinden: Je mehr wir das Unerschöpfliche in Worte fassen möchten und je schärfer wir das staunend Widerfahrene eingrenzen wollen, um so mehr verschweigen und verzerren wir! Die eingehendste Antwort bleibt deshalb die Mudra selbst. Sie ist Botschaft und Erklärung zugleich und solchermaßen ihr ureigenster symbolhafter und wirkender Ausdruck. Somit ist die praktizierte Mudra auch die urgründigste Möglichkeit, ihre Kraft für sich zu erschließen und zu erfassen. Gleichzeitig steigert sich mit der Einübung von Mudras unsere Empfindsamkeit für jenen über uns hinausreichenden, nur geistig zu ermessenden Raum, aus dem heraus Seele und Leib die durch die Mudra transformierte heilende Kraft zufließen.

Der Kraft der Mudra nachspüren

Der »Weg der Mudra«, also die bewußte Anwendung von Mudras, ist vornehmlich ein spirituelles Geschehen. Egal ob wir die Mudra für erhabene geistige oder gewöhnliche materielle Zwecke formen, ihre Kraft kommt stets im feinstofflichen Bereich zur Geltung (siehe Seite 103). In esoterischem Sinn wird diese Sphäre als höheres Selbst umschrieben. Indes ist die hierfür ebenso gebräuchliche Begrifflichkeit von der kausalen Ebene wohl treffender. Denn als kausale Ebene wird unsere ursprüngliche Wesenhaftigkeit umschrieben, womit jene unverbildete Wesenheit gemeint ist, als die wir uns entpuppen würden, wenn wir uns unserer Person entkleiden könnten, um solchermaßen auf den Kern unseres Selbst zu stoßen. Aus dieser ichfernen Sphäre in uns formt sich unser Seelengrund, jenes dräuende, gottverwandte, uns belebende Unbestimmte, das mit seiner archaischen Gewalt unser Unbewußtes durchdringt und ihm Richtung gibt.

Durch die Kraft der Mudra vermitteln wir diesem Seelengrund Impulse, die daraufhin als urgründiges Beben auf unsere Empfindsamkeit einwirken und uns dieserart ein ahnendes Verständnis zeitloser Wahrheit erlauben, das wir dann deutend als den uns aufgegebenen rechten Weg erkennen mögen. In dieser Weise wird uns die Mudra zu einer Quelle der Lebenskraft. Sie ermöglicht es uns, unser Bewußtsein zu klären, indem wir seelische Verkrustungen aufbrechen und hierdurch Geschmeidigkeit und wahre Lebendigkeit zurückerlangen. Diese Art der Läuterung wirkt nicht nur erfrischend auf unsere Seele, sondern findet schließlich auch ihren Widerhall in unserem Körper, indem sich die gesundende Seele einen gesunden Leib schafft. Daß dieser Weg der Mudra auch in umgekehrter Weise beschritten werden kann, indem rein nach körperlichen Gesichtspunkten konzipierte Mudras geformt werden, die ihrerseits verbüffende Ergebnisse erzielen, widerspricht keineswegs der dargelegten prinzipiell feinstofflichen Wirkweise. Denn die physiologischen Reizpunkte einer Heilmudra können in ihrer Weise als Kondensationspunkte feinstofflicher Kraft verstanden werden. Daß sie dergestalt auch wirksam und erfahrbar sind, zeigt sich an der mit der körperlichen Einwirkung einhergehenden psychischen Entlastung beziehungsweise an deren heilsamer Festigung.

In der Praxis konnte ich dieses bipolare Wirken der Mudra über einen längeren Zeitraum beobachten. Hans-Werner, einen gefragten Geologen und Maschinenbauingenieur, trieb ein abenteuerliches Leben lange durch die Welt. In Kenia wurde er schließlich seßhaft und kam zu einigem Wohlstand. Doch seine innere Unrast konnte er nicht stillen. Sein Geist blieb unstet und suchend. So ließ sich Hans-Werner in gewagte Transaktionen ein, durch die er sein Hab und Gut in Afrika verlor. Seelisch zermürbt und körperlich erschöpft kehrte er zuletzt in seinen Heimatort am Niederrhein zurück. Der Zufall spielte ihm eine meiner Schriften über Mudras in die Hand, und er beschloß, mich zu konsultieren. Ich empfahl ihm darauf eine komplexe Mudra als morgendliche Meditation und verschiedene einzelne Heilmudras, die er in alltäglichen Situationen einsetzen sollte, wann immer er sich körperlich oder seelisch überfordert fühlte. Nach kurzer Zeit schon bewirkten die Mudras eine Besserung seines Allgemeinzustandes, und wir konnten durch gemeinsame Analyse seiner Befindlichkeit die Mudras modifizieren. In dieser Weise paßten wir die Übungen schließlich in monatlichen Abständen der sich verändernden Situation an. Die Fortschritte, die Hans-Werner dabei machte, waren beachtlich. Die körperlichen Einschränkungen bildeten sich am zügigsten zurück. Seine depressiven Züge, insbesondere seine angstbesetzte Verschlossenheit, verflachten. Vor allem aber erschien er seinen Mitmenschen nicht mehr vergrämt und abweisend. Vielmehr hatte sich Hans-Werner auf eine von ihm noch gar nicht wahrgenommene heitere Weise aus seinem Unbewußtsein heraus für seine Umwelt wieder geöffnet, so daß er für sie auch zu einem gerngesehenen Gegenüber wurde. Ja, er war mittlerweile zu einem Pol geworden, durch den andere selbst Kraft und Zuversicht erfuhren. Zwischenzeitlich verloren wir uns aus den Augen, doch Hans-Werner behielt seine Übungen bei und paßte sie mittlerweile selbständig seinen Bedürfnissen an. Heute hat er seinen Seelenfrieden gefunden. Er ist beratend in der Entwicklungshilfe tätig und wirkt in seiner Freizeit als Schamane.

Der erwähnte positive Einfluß Hans-Werners auf seine Umgebung ist eine sehr bemerkenswerte Auswirkung praktizierter Mudras. Sie mag ursprünglich überhaupt dazu beigetragen haben, daß die Mudras als zaubermächtige Gesten angesehen wurden und daß dem Priester, der sie auszuführen verstand und um ihre tiefere Bedeutung wußte, furchtsamer Respekt gezollt wurde. Hatte er doch durch die Mudra einen scheinbar magischen Einfluß über seine Gemeinde. In diesem Zusammenhang ist beispielsweise verschiedentlich überliefert, wie ein Priester durch eine ausgeführte Mudra eine flammende Barriere gegen das Böse errichten konnte. Auch in unseren Mythen werden mächtigen Zauberern solche wirksamen Gesten zugesprochen.

Für mich jedenfalls war die Entdeckung dieser auf andere Personen überfließenden Kraft als Nebenwirkung einer ausgeübten Mudra einer der verblüffendsten Effekte, seit ich begonnen hatte, die Wirkungen der Mudras zu erforschen. Daß sich durch die Praxis der Mudra meine Gemütslage veränderte und ich somit eine andere Ausstrahlung auf mein soziales Umfeld ausübte, blieb mir zwar nicht verborgen, doch hielt ich dies lange Zeit nicht für einen unmittelbaren Effekt der Mudra selbst. Eine zufällige Begegnung am erwähnten Institut für Hochfrequenz-Fotografie änderte jedoch meine Sichtweise schlagartig. Wir waren mit Mudra-Experimenten beschäftigt, als ein Kunde das Institut aufsuchte. Er wollte die Wirkung eines von ihm entwickelten »Clearing-Gerätes«, eine Art Katalysator zur Umwandlung negativer Energien, testen lassen. Um den Einfluß des Gerätes beurteilen zu können, wurde eine Statusaufnahme von der linken Hand des Kunden gemacht. Das entstandene Polaroid war jedoch völlig schwarz. Um technische Ursachen auszuschließen, wurde ein zweites Bild gefertigt. Das Ergebnis blieb jedoch das gleiche. Wir beratschlagten und empfahlen schließlich dem Kunden eine einfache Aktivierungs-Mudra samt einem Spaziergang im Garten. Nach einer halben Stunde wurde die Aufnahme wiederholt, und wir erhielten ein farbenprächtiges Bild aller fünf Fingerkoronen. Das Verblüffende jedoch war, daß auf dem Bild wesentliche energetische Strukturen auftauchten, die wir zuvor in Zusammenhang mit dem Mudra-Experiment beobachtet hatten. Darüber hinaus wurde uns bei der Bildanalyse mit dem Kunden deutlich, daß diese Muster nicht seinem Wesenszug und seiner augenblicklichen Befindlichkeit entsprachen. Der Kunde hatte also das durch die Mudra geprägte Energiemuster angenommen, beziehungsweise wurde von ihm entsprechend beeinflußt. Bei verschiedenen Tests mit unterschiedlichen Personen gelangten wir zu ähnlichen Ergebnissen. Das Energiemuster der jeweils praktizierten Mudra dominierte das Muster der unbeteiligten Probanden. Dabei stellten wir fest, daß einige Mudras in ihrer Ausstrahlung so stark waren, daß sie sich auch über Tage fortschrieben, an denen außer dem Institutsleiter keine an den Versuchen beteiligten Personen anwesend waren. Diesen Effekt können wir uns nur dadurch erklären, daß der passive Testleiter, von der Kraft der Mudra beeinflußt, nun seinerseits ungewollt in der entsprechenden Weise auf seine Umgebung einwirkte.

Übungen zur Wahrnehmung der Kraft der Mudra

Damit Sie der geschilderten Kraft der Mudra selbst nachspüren und sich mit dem unterschiedlichen Ausdruck des Energieflusses vertraut machen können, werden im folgenden einige Übungen beschrieben, die es Ihnen ermöglichen, einmal die grundsätzliche Feinfühligkeit für den Energiefluß zu trainieren und zum anderen ein Gespür für die Energie selbst zu entwickeln.

Die empfohlenen Mudras sollten Sie rund fünf Minuten halten, um ihre Wirkung nachzuempfinden. Da die Kraft einer Mudra lange nachwirkt – meist entfaltet sich ihre Kraft erst nach einer Stunde zu voller Blüte –, sollten Sie einen entsprechenden Abstand zwischen den einzelnen Übungen einlegen; ratsam sind mindestens zwei Stunden Pause. Ausgenommen hiervon sind Mudras, die aufeinander abgestimmt sind und mit einem entsprechenden Hinweis empfohlen werden.

Sofern Sie Schwierigkeiten haben, die Kraft einer Mudra zu imaginieren, sollten Sie sich vor der Übung eine Weile auf die Mudra besinnen. Achten Sie dabei auf eine ruhige Umgebung, und besinnen Sie sich auf eine gleichmäßige, jedoch nicht zu tiefe Bauchatmung von etwa acht Atemzügen pro Minute. Sobald Sie geistig entspannt sind und sich wohl fühlen und eine gewisse körperhafte Wahrnehmung empfinden, formen Sie die Mudra und halten sie über die Zeit mit gesenkten oder leicht geschlossenen Lidern.

1. Vorbereitung

Bevor Sie mit einer der nachfolgenden Übungen beginnen, sollten Sie Ihre Hände sensibilisieren. Diese Vorbereitung ist im übrigen bereits eine Übung für sich. Beginnen Sie damit, daß Sie Ihre Hände wie beim Händewaschen gegeneinander reiben. Reiben Sie dabei die flachen Hände in kreisenden Bewegungen und fahren Sie mal mit der einen, mal mit der anderen Hand über den Handrücken der jeweiligen Gegenhand bis hinab zu den Fingerspitzen. Massieren Sie daraufhin Ihre Hände von den Handgelenken bis zu den Fingerspitzen. Umgreifen Sie dazu eine flache Hand, so daß Sie mit dem Daumen die Handinnenfläche und mit den Fingern den Handrücken kneten. Danach massieren Sie die einzelnen Finger von der Fingerwurzel bis zur Fingerspitze. Das Ganze sollten Sie in fließenden Bewegungen vollführen. Alsdann halten Sie bei gestreckten Fingern Ihre Fingerspitzen dachförmig aneinander. In dieser Weise können Sie mit einer federnden Bewegung die Finger gegeneinander pressen. Meist knacken dabei anfänglich die Gelenkknöchel der Fingerwurzeln. Falten Sie daraufhin die Finger wie zum Gebet ineinander und bewegen Sie sie gegeneinander, indem Sie Ihre Handballen aneinander reiben.

2. Grundsensibilisierung, Blindenpunkt

Beschreibung: Greifen Sie mit Daumen und Zeigefinger zwischen Zeige- und Mittelfinger der Gegenhand. Setzen Sie Ihren Griff etwa in Höhe der beiden Fingergrundgelenke. Der Zeigefinger liegt dabei auf dem Handrücken, der Daumen in der Handinnenfläche. Massieren Sie alsdann zwei bis drei Minuten diese Stelle mit flachen Fingerkuppen und sanftem Druck.

Wirkweise: Durch diese Übung vermitteln Sie einen physiologischen Impuls an Ihr drittes Auge und stärken damit Ihr Einfühlungsvermögen. Darüber hinaus erlangen Sie eine Sensibilität für die räumliche Wirkung von Körpern, was eine gewisse Empfindlichkeit für deren

Aura bedeutet. Streichen Sie nämlich nach der Übung mit Ihrer geöffneten Hand in knappem Abstand über einen Gegenstand, so werden Sie das Gefühl haben, als würden Sie mit Ihrer Handfläche auf ein Luftkissen drücken. Bewegen Sie dabei die Hand weg vom Gegenstand und dann wieder hin zu ihm, werden Sie bemerken, wie sich dieses Kissen verdichtet, sobald Sie dem Gegenstand näher kommen. Auf diese Weise können Sie in der Tat die räumliche Ausdehnung einer Aura abmessen (siehe auch Seite 103).

Wegen dieses Effektes wird der Punkt zwischen den Fingergrundgelenken von Zeige- und Mittelfinger auch »Blindenpunkt« genannt. Überdies bewirkt die Anregung dieser Zone auch eine Kräftigung der Augenmuskulatur und kann deshalb entsprechende Einschränkungen der Sehstärke korrigieren helfen.

3. Sensibilisierung der Finger, Fingertipmudra

Beschreibung: Sie tippen mit Ihrer Daumenspitze die Fingerspitzen von zwei Fingern in schnellem gleichmäßigem Rhythmus an. Wobei Sie den ersten Finger kurz antippen und darauf sofort mit der Daumenspitze zum zweiten Finger springen. Tippen Sie ihn gleichfalls kurz an und halten Sie für einen kurzen Moment noch Hautkontakt. Dies machen Sie pro Fingerpaar zwölfmal. Dabei zählen Sie »Eins und …, zwei und …, drei und …« und so weiter. Sie beginnen mit dem Mittelfinger und springen zum Zeigefinger. Alsdann folgen:
Ringfinger, Sprung zum Mittelfinger;
kleiner Finger, Sprung zum Ringfinger;
Zeigefinger, Sprung zum Mittelfinger.

Diese *Fingertip-Mudra* führen Sie mit beiden Händen gleichzeitig aus.

Wirkweise: Durch diese Übung steigern Sie nicht nur Ihr Fingerspitzengefühl, sondern beseitigen auch Blockaden, die den Energiefluß anderer Mudras behindern könnten. Gleichzeitig handelt es sich bei dieser Mudra auch um eine Kräftigungsmudra, durch die Sie Ihre abgespannten Sinne wieder auffrischen können. Insbesondere stabilisiert die Mudra folgende Eigenschaften: Scharfsinn, Aufgeschlossenheit, Einfallsreichtum, Entschlossenheit.

Unabhängig von der an dieser Stelle beschriebenen Übung können Sie die Fingertip-Mudra auch zur gezielten Stärkung einer Eigenschaft einsetzen, indem Sie nur zwei Finger wenigstens fünf Minuten lang im vorerwähnten Rhythmus stimulieren. Im folgenden werden die möglichen Eigenschaften samt den auslösenden Fingerkombinationen aufgelistet; der zuerst genannte Finger wird nur kurz angetippt, der zweitgenannte Finger wird nach dem Antippen noch kurz gehalten:

Zeigefinger – kleiner Finger = Selbstdarstellung, Beredsamkeit, intellektuelle Dominanz

Zeigefinger – Mittelfinger = Entschlossenheit, Einflußnahme, Eigensinnigkeit

Mittelfinger – Zeigefinger = Gefühlskälte, Scharfsinn, Überlegenheit

Mittelfinger – Ringfinger = Selbstkontrolle, Sachlichkeit, Standhaftigkeit

Ringfinger – Mittelfinger = Aufgeschlossenheit, Versöhnlichkeit, Duldsamkeit

Ringfinger – kleiner Finger = Kommunikationskraft, Streitbarkeit, Genußfähigkeit

kleiner Finger – Ringfinger = Einfallsreichtum, Gefühlstiefe, Ehrlichkeit

kleiner Finger – Zeigefinger = Nachdenklichkeit, Verschlossenheit, Glaubenskraft

4. Daumen-Finger-Ring

Beschreibung: Der *Daumen-Finger-Ring* ist eine Mudra, mit der Sie auf körperliche Weise eine Ahnung von der den Mudras innewohnenden Kraft gewinnen können.

Halten Sie Daumen- und Zeigefingerspitze sanft aneinander. Beide Finger sind leicht gekrümmt. In dieser Weise formen Sie einen Daumen-Finger-Ring. Stellen Sie sich nun vor, daß ein Kraftfluß von

Ihrem Daumen aus über den Zeigefinger durch das Rund strömt. Alsbald werden Sie diesen Kraftfluß auch körperlich wahrnehmen. Lassen Sie ihn eine Weile kreisen. Halten Sie alsdann den Kraftfluß an und stellen Sie sich daraufhin vor, daß er seine Strömungsrichtung ändert, also nunmehr von Ihrem Zeigefinger zum Daumen fließt. Sobald Sie dies auch körperlich wahrnehmen, lassen Sie ihn wieder eine Weile durch das Rund kreisen. Danach wiederholen Sie die Übung mit einem Daumen-Finger-Ring aus Daumen und Mittelfinger, Daumen und Ringfinger sowie Daumen und kleinem Finger.

Wirkweise: Mit dieser Übung aktivieren Sie vor allem folgende Eigenschaften: Durchsetzungskraft, Nüchternheit, Seelentiefe und Urteilsvermögen.

Der Daumen-Finger-Ring ist, obwohl von einfacher Form, in seiner Wirkung eine sehr komplexe Mudra, mittels der man seine psychische und geistige Verfassung durch die sich wandelnde Qualität des Energieflusses messen und beeinflussen kann. Dieser von mir viele Jahre lang untersuchte und 1993 erstmals veröffentlichte Sachverhalt fließt mittlerweile auch in die kinesiologische Praxis ein. Hierbei wird die Verknüpfung psychosomatischer Störungen durch den wahrnehmbaren Energiefluß über die Fingerspitzen analysiert. Durch entsprechende Übungen werden auf diese Weise ermittelte Verknotungen gelöst, und der Therapieerfolg wird wiederum über die Hände gemessen. Dieser Vorgang ist allerdings so umfassend, daß er im Rahmen dieser Abhandlung nur skizziert werden kann.

Welche Bedeutung dem Daumen-Finger-Ring schon von jeher zugemessen wurde, kann man daran ermessen, daß das Rund aus Daumen und Zeigefinger als Lehrgeste Buddha zugeschrieben wird (siehe Seite 98). Auch in unserem Kulturkreis ist diese Mudra in der Ikonographie fest verankert. So ist beispielsweise der Daumen-Finger-Ring aus Daumen und Ringfinger bei ansonsten gestreckten Fingern in der Orthodoxie ein Zeichen, durch das sich der verklärte Christus offenbart und seinen Segen verströmt. Diese Symbolik fußt ihrerseits auf einem Kanon der Bildgestaltung, der bereits in der griechischen Antike geprägt wurde. Im Shingon wird die gleiche Geste zur Herbeirufung von Glück und Freude geformt; hierfür werden allerdings Ringfinger und Daumen nicht mit den Kuppen, sondern mit den

Nagelfalzen gegeneinander gehalten. Diese Mudra wird *Kichijo-in* genannt.

Wollen Sie über den Daumen-Finger-Ring Ihrer seelischen Konstitution nachspüren, so formen Sie nacheinander mit allen vier Fingern der linken Hand einen Daumen-Finger-Ring. Besinnen Sie sich bei jedem Rund auf die spürbare Kraft zwischen den angelegten Fingerspitzen. Die wahrnehmbare Kraft kann dabei in zwölf verschiedenen Qualitäten aufscheinen:

1. Daumen und Finger wirken kraftlos und völlig entleert. Die Energie ist, wenn überhaupt, nur schwach vernehmbar, als würde sie aus beiden Fingern rinnen.
2. Die Kraft staut sich im Daumen. Sie fließt nicht in den aufliegenden Finger, obwohl dort keine Gegenkraft den Zufluß blockiert.
3. Die Kraft staut sich in dem am Daumen aufliegenden Finger.
4. Die Energie staut sich kraftlos im Daumen-Finger-Ring, als würden zwei gleich starke Kräfte sich die Waage halten.
5. Die Kraft strömt aus dem Daumen, ohne daß sie vom aufliegenden Finger aufgenommen wird.
6. Die Energie fließt aus dem aufliegenden Finger, ohne vom Daumen aufgenommen zu werden.
7. Der Kraftstrom wechselt in kurzen Abständen die Fließrichtung zwischen Daumen und Finger.
8. Die Energie fließt vom Daumen zum Finger.
9. Die Kraft strömt vom Finger zum Daumen.
10. Aus beiden Fingern strömt die Energie. Beide Finger wirken kraftvoll.
11. Die Kraft pulsiert zwischen Daumen und Finger.
12. Die Energie ist kraftvoll und spürbar gegenwärtig. Sie ist von mächtiger Stille ohne Bewegung und Puls.

Der erstgenannte Energiezustand dieser Aufzählung zeigt das niedrigste Niveau an, während der letztgenannte Zustand von höchster Präsenz ist. Addieren Sie die einzelnen Energiestufen, die Sie an allen vier Fingern abgenommen haben, so erhalten Sie einen absoluten Energiewert, der in folgenden drei Stufen Ihre augenblickliche seelische Verfassung wiedergibt:

4 bis 26 = seelische und physische Schwäche
27 bis 41 = Aktivität und Wachheit
42 bis 48 = Klarheit und spirituelle Präsenz

Registrieren Sie auf diese Weise einen Zustand energetischer Schwäche, so können Sie Ihre seelische Präsenz durch die mentale Lenkung des Kraftstromes über den Daumen-Finger-Ring spürbar beleben und auf ein höheres Niveau heben. Solch eine aktive Mudra wirkt allerdings nur kurzfristig und scheint von daher nur in akuten Fällen angebracht. Dabei entspricht die Fließrichtung von Daumen zu Finger (8.) beziehungsweise von Finger zu Daumen (9.) einer gewissen Norm, solange wir ausgeglichen und aktiv sind. Allerdings ist die Fließrichtung im Daumen-Finger-Ring meist von Finger zu Finger verschieden, denn je nachdem, welches aktuelle Ziel wir gerade verfolgen, regen wir auch unterschiedliche Fingereigenschaften an. Sind wir, aus welchen Gründen auch immer, psychisch erschöpft oder lethargisch, reduziert sich der Energiefluß entsprechend, während die zuletzt aufgezählten Energiebewegungen (11. und 12.) nur bei besonderer, überwiegend meditativer Aufmerksamkeit zu beobachten sind.

5. Niwamudra

Durch die *Niwamudra,* die im Shingon symbolisch für die Bezwingung der materiellen, der geistigen und der Welt der Götter steht, wird die Geschmeidigkeit und physische Kraft der kleinen Finger angeregt. Da im kleinen Finger vorwiegend intellektuelle und spirituelle Kräfte walten, dient er uns vor allen anderen Fingern als Sensor unserer transzendenten Empfindsamkeit. Durch verminderte beziehungsweise einseitige manuelle Tätigkeiten ist dieser Finger bei vielen Menschen nur eingeschränkt funktionstüchtig. Diese Reduktion ist mit verantwortlich für eine fehlende Unmittelbarkeit transzendenten Feingefühls. Die Niwamudra wirkt dem durch Belebung körperlicher, psychischer und spiritueller Kräfte entgegen.

Beschreibung: Die Mudra wird in Brusthöhe vor dem Körper geformt. Die Handflächen weisen nach vorne. Die Handgelenke sind überkreuzt, so daß die kleinen Finger ineinander geschlungen werden

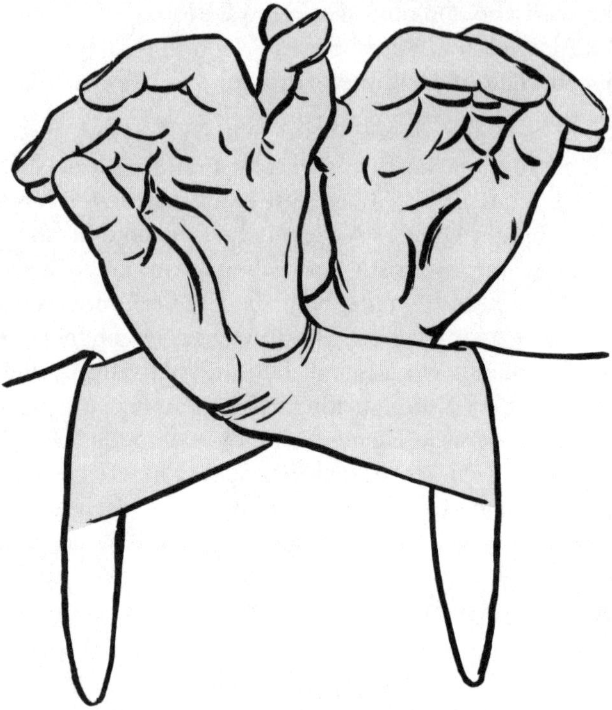

können. Dies sollte mit einer gewissen Spannung durch sanften Gegenzug geschehen. In jeder Hand berührt die Daumenspitze vor der Handfläche die Spitze des Mittelfingers. Die Mudra ähnelt einem schwebenden Vogel, der zu einem Flügelschlag ansetzt.

Wirkweise: Durch die nach vorne gehaltenen geöffneten Handflächen zeigt man sein Wesen nicht nur in symbolischer Weise, vielmehr bewirken sie auch eine verhaltene, beinahe ungewollte Gelöstheit. Dieses seelische Empfinden verleiht unserem Geist jene Weite, die uns dem Alltäglichen entrückt. Die ineinander verschlungenen kleinen Finger sind zwar Zeichen der Konzentration, allerdings ist diese nicht zielgerichtet, sondern eher versammelnd. Es ist, als würden wir einem sanftem Wind lauschen, um aus seinem Flüstern und Säuseln zu vernehmen, woher er kommt und wohin er weht. Gleichzeitig mutet uns seine verborgene Urmächtigkeit erhebend und stärkend an. Durch den Daumen-Finger-Ring von Daumen und Mittelfinger suchen wir nach Erfahrung der Schöpferkraft, nach dem Unaussprechlichen. Es soll unser dargebotenes Herz ergreifen und durchdringen, auf daß wir das Numinose durch Offenbarung erahnend verstehen können. Dementsprechend greifen wir einerseits mit dieser Mudra weit über uns hinaus, was andererseits einer Reduzierung unseres Selbst gleichkommt. Und so ist die Niwamudra Ausdruck von Hoffnung und dem beseelten Wunsch nach Offenbarung.

Achten Sie bei der Formung der Mudra auf Ihr körperliches und seelisches Inneres. Sie werden einen Kraftstrom entlang Ihrer Körperachse wahrnehmen, der einem Springbrunnen gleich auf- und niedersteigt, sich einmal pulsierend verdichtet, um gleich darauf wieder sternengleich zu zerstäuben. Gleichzeitig stellt sich eine Gedankenstille ein, die durch keine Konzentration bewirkt wird. Im Gegensatz zu abwesender Gedankenleere werden Sie diesen Zustand daher als unbestimmte Fülle und Präsenz erleben.

Durch die Kraft der Niwamudra wird in verhaltener Weise *Kundalini*-Energie angeregt. Mit Kundalini wird eine sich körperlich manifestierende spirituelle Kraft umschrieben, durch die sich Schöpfungswille und Schöpfungsausdruck, zwei aus der zeitlosen Allmacht entstehende göttliche Urprinzipien, miteinander vereinen. Dieses Zusammenfließen beider Urprinzipien soll einer körperlichen Verklärung gleichkommen. Die Erweckung der Kundalini-Kraft ist eine im tantrischen Yoga angestrebte Form der Erleuchtung. In ihrer Umschreibung kommt sie allerdings in so gut wie allen Religionen vor und dürfte von daher eine archetypische Erscheinung sein.

6. Kilakamudra

Die *Kilakamudra* können Sie unmittelbar im Anschluß an die Niwamudra formen. Sie ist im Gegensatz zu dieser mehr von irdischer als von himmlischer Kraft. Insofern wirkt sie mehr auf unsere psychische Befindlichkeit als auf unsere seelentiefe Innerlichkeit.

Beschreibung: Die kleinen Finger werden in ihrer obersten Fingerbeuge miteinander verhakt. Vor die Nagelglieder der gekrümmten

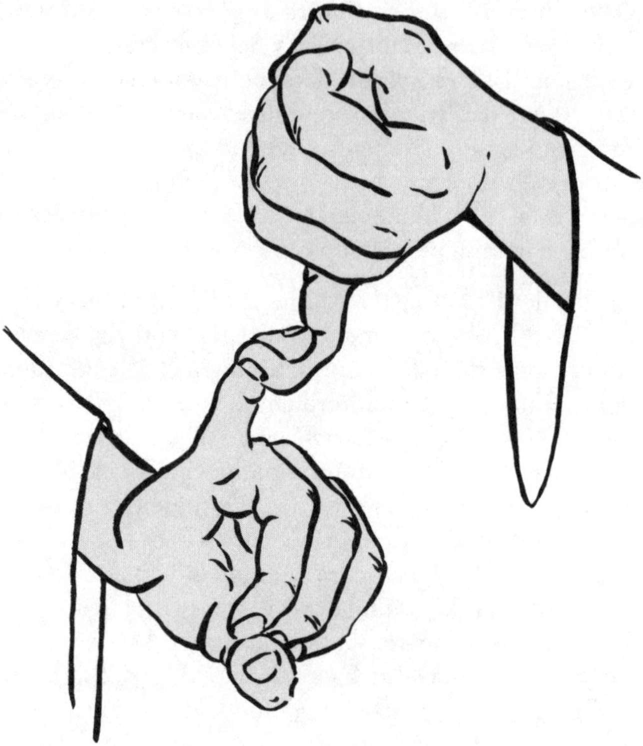

restlichen drei Finger wird das obere Daumenglied gehalten. Beide Hände sollten Sie so weit auseinanderhalten, daß ein spürbarer Zug entsteht, dem Sie mit den verhakten Fingern entgegenwirken. Die Mudra wird vor dem Herzen gehalten.

Wirkweise: Im indischen Tanztheater wird diese Mudra auch als »Band der Freundchaft» bezeichnet. In der Tat regt sie unsere Kommunikationsfähigkeit an. Gleichzeitig bewirkt sie ein Empfinden für uns selbst, da wir landläufig als »bei sich sein« umschreiben. Wir sind dabei in wohliger Weise nahe beziehungsweise eins mit uns selbst, ohne jedoch in eigenbrötlerischer Weise nach innen gewandt zu sein. Solchermaßen gestimmt sind wir imstande, beinahe glockengleich die Bewegungen unserer Innerlichkeit zu vernehmen, die durch die Begegnung mit unserem Gegenüber, egal ob Mensch oder Natur, angestoßen werden. Wir geraten hierdurch in einen Zustand äußerster reaktiver Selbstbefindlichkeit.

In Abfolge mit der Niwamudra wird etwas von dem zuvor übersinnlich Erfahrenen in emotionaler Weise konkret. Die Welt erscheint uns von ihrer Sonnenseite, und wir wenden ihr unser Gesicht zu und strahlen zurück. Wir erleben ein seelisches und geistiges Erwachen, das uns zur Teilhabe an unserer Welt ermuntert.

7. Das Klatschen der einen Hand

Das *Klatschen der einen Hand* zu hören, ist eine weitverbreitete Metapher, um den Urlaut der Schöpfung zu beschreiben. Im Zen wird es als *Koan,* ein quasi paradoxes Rätsel, dem Adepten aufgegeben, dem Ton zu lauschen, der durch das Klatschen mit nur einer Hand entsteht, während es in der hinduistischen Mantralehre darum geht, durch Rezitation von Mantras sich diesem Urlaut zu nähern und in sich selbst zum Schwingen zu bringen. Keineswegs geht es dabei um ein sinnliches Hören. Vielmehr ist es die Idee, mit seinem dritten, seinem inneren Ohr die ewige Stille, die sich als göttlicher Sphärenklang offenbart, zu vernehmen. Wer imstande ist, in dieser Weise zu hören, der ist dem Ewigen in seinem Wesen ein Stückchen näher gerückt.

Auch per Mudra kann man diesem Urlaut nachspüren, wobei der selbst gesetzte Anspruch freilich nicht zu hoch sein sollte. Es genügt, wenn Sie nur eine leise Ahnung von dem erlangen, was mit der Metapher gemeint sein könnte. Durch die vorbereitenden Übungen sind Ihre Hände jedenfalls soweit sensibilisiert, daß sie ein wenig von dieser Kraft einfangen können.

Beschreibung: Halten Sie Ihre Fäuste in Form einer Lotosmudra (siehe Seite 29) etwa in Augenhöhe eine Armlänge weit auseinander. Behalten Sie diese Stellung eine kurze Weile bei, bis Sie Kraft und Wärme in Ihren Fäusten spüren. Führen Sie alsdann die beiden geöffneten Hände mit einer schnellen Bewegung aufeinander zu, als würden Sie in die Hände klatschen wollen. Allerdings werden Sie nicht in die Hände klatschen, sondern beide Hände übereinander hinwegführen. Die linke Hand führen Sie dabei bis zur Höhe Ihres Bauchna-

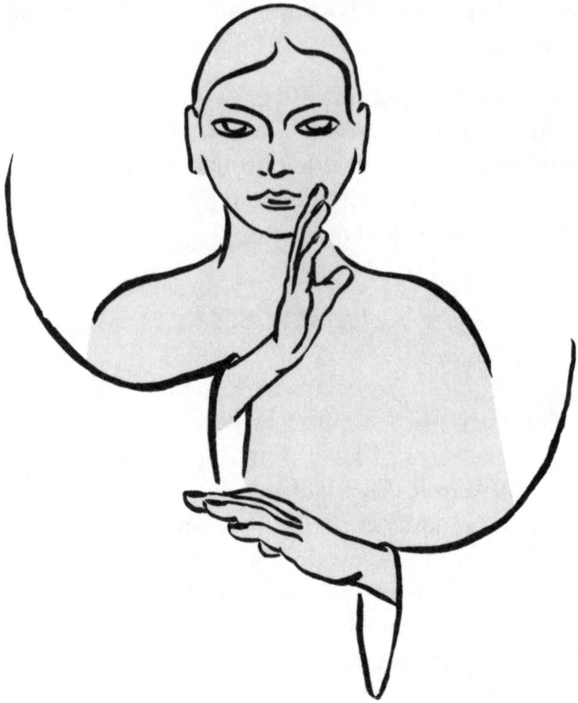

bels, die Handfläche weist nach unten. Die rechte Hand führen Sie in verlängerter Nasenlinie vor Ihr Gesicht. Der Daumen ist etwa in Kinnhöhe, die Fingerspitzen in Höhe Nasenspitze. Halten Sie die Handfläche senkrecht. Verharren Sie in dieser Pose.

Wirkweise: Richten Sie Ihre ganze Aufmerksamkeit auf Ihre rechte Handfläche. Lauschen Sie auf das, was Sie empfinden. Ihr Eindruck wird sich dabei von Mal zu Mal verändern. Mal werden Sie das Gefühl haben, als hätten Sie mit Ihrer Hand auf ein Kissen geschlagen, ein anderes Mal werden Sie ein deutliches Pulsieren in Ihrer Handfläche verspüren, dann wieder werden Sie so gut wie nichts wahrnehmen, um vielleicht beim nächsten Mal eine Fülle in Ihrer Hand zu empfinden, als würden Sie die ganze Welt in ihr halten. Spüren Sie Ihrem jeweiligen Eindruck nach, ohne ihn jedoch zu deuten. Und selbst wenn Sie glauben, heute die Wahrheit durch diese Mudra berührt zu haben, so können Sie morgen dieselbe Wahrheit auf ganz andere Weise vernehmen.

Halten Sie die Mudra eine Weile, wird sich für Sie auch das Gefühl einstellen, als seien Sie zwischen Himmel und Erde gespannt. Ihre Füße werden scheinbar fester auf der Erde stehen, und von Ihrer Kehle aufwärts wird ein spürbarer Strom fließen. Er wird Ihre Gedanken zur Ruhe kommen lassen und weit über Ihr Schädeldach hinaus strömen, wobei Sie sich des Eindrucks nicht erwehren können, als hätten Sie auch ein gleich weit reichendes körperliches Empfinden. Diese Mudra spricht also in besonderer Weise die sakralen Chakras in Kehle, Schädel und darüber hinaus an.

Diese Mudra eignet sich auch als eigenständige Übung für sich, zur Vorbereitung auf eine Meditation oder eine Abfolge von Mudras. Ebenso ist sie ein geeignetes Instrument, um seine Gedanken auf ein Problem zu lenken, bei dem man um eine gute Lösung ringt. Schließlich vermag diese Mudra einem den Blick zu klären, so daß man die Dinge um sich herum unverstellt und auf die ihnen eigene Art und Weise betrachten kann.

Anmerkung zur Übungsfolge

Die bis hierhin beschriebenen Übungen stehen in einem Zusammenhang, bei dem von Übung zu Übung das Gefühl und das Verständnis für die innere Kraft einer Mudra zunimmt. Sie können in einzelnen Stationen über den Tag verteilt als eine aufeinander abgestimmte komplexe Mudra zur grundsätzlichen und ganzheitlichen Sensibilisierung praktiziert werden.

In dieser Form empfehle ich die Übungen auch als *Mudra zur Entwicklung seiner inneren Stimme.* Denn wer die Mudra als Weg betrachtet und diesen Weg beschreiten will, sollte sich zuvor auch den Sinn für den gewählten Pfad erschließen. Nur so formt sich in einem selbst ein übersinnliches Erahnen der einzuschlagenden Richtung, der man daraufhin in nachtwandlerischer Weise folgen mag. Denn es ist jenes stille Lauschen nach innen und jene unhörbare und dennoch vernehmbare Antwort, durch die wir schon vor jedem Schritt sicher wissen, ob wir auf dem Pfad bleiben werden oder dabei sind, ihn zu verlassen.

Die nachstehenden zwei Übungen stehen hingegen für sich allein und dienen neben dem ihnen eigenen Wirken dazu, auf allgemeine und eingängige Art und Weise der Kraft einer Mudra nachzuspüren.

8. Fickageste

Die *Fickageste* ist als Symbol für den Geschlechtsverkehr nahezu in allen Kulturen geläufig und gilt vielfach auch als heilige, weil Fruchtbarkeit versprechende Geste. Nicht nur wegen ihrer Gleichnishaftigkeit trägt diese Geste eine spürbare Dynamik in sich. Es gibt zwei grundsätzliche Arten, sie zu formen: mal wird der Daumen zwischen Zeige- und Mittelfinger geklemmt, mal steckt er zwischen Mittel- und Ringfinger. Die erstgenannte Geste ist eine Basisfigur des Bharatanatya, des indischen Tanztheaters. Sie wird *Kapitthamudra* genannt, was soviel wie »Elefantenapfel« heißt. Sie ist eine Geste der Tändelei, die Laksmi, die Göttin der Schönheit und des Glücks, symbolisiert. Ehrlichkeit und Mildtätigkeit werden durch sie ausgedrückt, aber auch die Hitze und Mächtigkeit des Blitzes. Ihre sinnbildliche Fruchtbarkeit wird als »aufkeimender Lotos« umschrieben. Hält man die Daumenspitze senkrecht nach oben und vergleicht den Ausdruck der Mudra mit dem der Lotosmudra (siehe Seite 29), so wird der Bedeutungsunterschied zwischen beiden Gesten offensichtlich.

Wird allerdings der Daumen zwischen Mittel- und Ringfinger geschoben, verändert sich die Bedeutung der Mudra. Jetzt wird die Geste zur *Mudra des Wohlbefindens,* vor allem wenn sie mit beiden Händen gleichzeitig geformt wird.

Selbstbehauptungswillen und pure Lebenskraft dominieren die Psyche in erfrischender Weise. Die zwischen die Finger geschobene Daumenspitze teilt den Energiekreislauf der beseelenden Vayukraft (siehe Seite 138) in aufnehmende und ableitende Kräfte. Dieser speziellen Wirkung wegen ist diese Mudra auch Gegenstand der hier ausgewählten Übung.

Beschreibung: Formen Sie die Mudra des Wohlbefindens mit beiden Händen. Halten Sie bei leicht angewinkelten Armen die rechte Hand ungefähr in Kopfhöhe und senken Sie die linke Hand in Hüfthöhe zum Boden. Atmen Sie alsdann gleichmäßig ein und aus und stellen Sie sich vor, daß über Ihren rechten Daumen eine kräftigende und heilsame Kraft Ihrem Körper zuströmt. Lassen Sie diese Kraft in Ihren Leib fluten und sich in alle Winkel verteilen. Mit dem Ausatmen lenken Sie die Kraft in den Daumen Ihrer linken Hand. Dabei stellen Sie sich vor, wie der abfließende Strom alle schwächenden Elemente und verbrauchten Kräfte ausschwemmt und wie sie über Ihre linke Daumenspitze der Erde entgegen abfließen.

Wirkweise: Diesen durch Sie fließenden Energiestrom können Sie am deutlichsten wahrnehmen, wenn Sie sich für diese Übung auf den Boden setzen und mit der linken Daumenspitze die Erde beziehungsweise den Boden Ihres Zimmers berühren. Die durch Sie strömende Kraft wirkt reinigend und belebend. Sie können durch sie kränkelnde Phasen überwinden und, sofern Sie sie bewußt auf Krankheitsherde richten, Impulse setzen, die eine rasche Gesundung befördern.

9. Abwehrgeste

Zu den *Abwehrgesten* zählen auch die vorerwähnten Fickagesten, wobei dann die Kapitthamudra die gebräuchlichere ist. Mit ihr schützt man sich vor Neidern, insbesondere vor deren bösem Blick. Die hier vorgestellte Abwehrgeste dürfte es wahrscheinlich seit Menschengedenken geben. Jedenfalls ist sie von archaischer Kraft, was ein jeder bemerken kann, der sie formt oder auf den sie gerichtet wird.

Beschreibung: Die Mudra wird mit der rechten Hand geformt. Zeigefinger und Mittelfinger werden weit auseinander gespreizt und zugleich leicht gekrümmt. Der Daumen drückt die eingeschlagenen beiden äußeren Finger zur Handfläche. Die Hand wird dabei etwas schräg gehalten, so daß die Fingerspitzen der beiden abgestreckten Finger waagrecht in den Raum beziehungsweise auf die abzuwehrende Sache weisen.

Wirkweise: Durch diese Mudra bündeln wir unsere physische und psychische Kraft zu unverfälschtem Präsenzwillen. Gleichzeitig verbinden wir unsere Selbstsicht mit unserer Weltsicht zu einer für uns gültigen Identität; Raum und Selbst werden zu einer Kraft, zu einem ultimativen Ausdruck. In dieser Weise greifen wir nicht

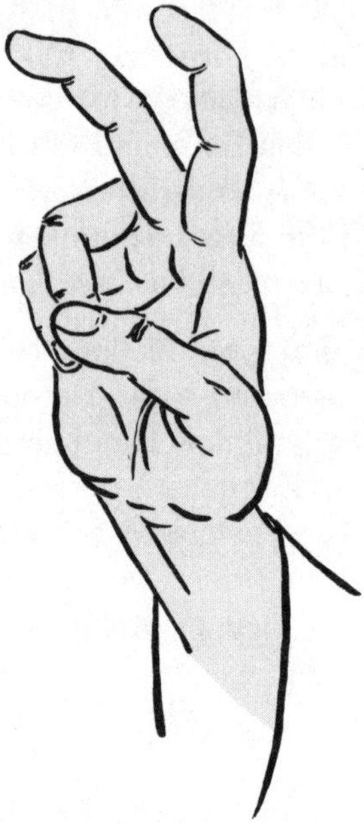

nur über uns selbst hinaus, sondern auch gezielt in ein Gegenüber, um es zu unterwerfen und uns zu unseren Bedingungen zu eigen zu machen.

Versuchen Sie bei der Formung dieser Mudra, auch nur einen Teil dieser Kraft in die Geste zu geben, können Sie diese Urgewalt in sich wecken und ihr nachspüren. Denn kommt die dieserart gelenkte Kraft zur Geltung, werden Sie sich auf eine merkwürdige Art räumlicher erleben. Fernab von jeglicher meditativen Weite entwickeln Sie dennoch ein hierzu analoges Raumempfinden, indem Sie den Raum als durchlässig gewahren; allerdings tritt diese Durchlässigkeit in den Hintergrund. Dafür erleben Sie, wie die von Ihnen ausgehende Energie gleichsam einen Tunnel formt, an dessen gegenüberliegendes Ende Sie sich selbst projizieren. Sie überspringen sozusagen den Raum, wobei Sie Ihre Mächtigkeit hier wie dort bewahren. Darin liegt auch der Grund, warum diese Form des »In-ein-Gegenüber-Treten« gelegentlich derart eindringlich empfunden werden kann, daß man es beinahe für eine körperliche Wirklichkeit halten könnte.

Das Handchakra als Puls der Mudra

Chakren gelten als Zentren der Lebenskraft, die sich in verschiedenen Emanationstufen offenbart. Diese Zentren sind über unseren Körper verteilt und wirken in feinstofflichen, seelischen und körperlichen Verflechtungen über die Wechselwirkung von Aura, Seele und Leib (siehe Seite 137). Die Entfaltung beziehungsweise Aktivität und die Einbezogenheit dieser Energiezentren in unsere psychischen und physischen Befindlichkeiten erlaubt Rückschlüsse auf unsere Bewußtheit. So kann man aufgrund der Chakrenaktivität beurteilen, aus welcher Sicht der Dinge heraus jemand Lebenszielen zustrebt oder sich ihnen verweigert.

Spricht man von Chakren, verbindet man sie wie selbstverständlich mit den Vorstellungen des Yoga, obwohl es auch in anderen Kulturen als der indischen vergleichbare Auffassungen von Energiezentren als Horten der Lebenskraft gibt. Allerdings ist in keiner anderen Kultur die Lehre der Energiezentren ähnlich strukturiert und verfeinert. So arbeitet etwa der ostasiatische Kulturkreis ebenso wie die westliche Mystik im wesentlichen mit nur einem Energiezentrum, im Osten ist dies das Sonnengeflecht, während im Westen das Herz betont wird. Gleichwohl sind und waren auch die anderen feinstofflichen Kraftzentren bekannt, auch wenn sie als solche nicht betont oder in ein umfassendes System eingliedert wurden. In der christlichen Mystik sind beispielsweise die fünf Wundmale Christi nicht nur Gegenstand der spirituellen Versenkung, sondern auch Quellen der Kraft, die sich durchaus mit dem Chakrenmodell des Yoga verknüpfen lassen.

Vielfach fand die Erwähnung, Betonung und Herausstellung dieser feinstofflichen Kraftzentren in einer eher intuitiven als bewußten Weise statt. Wir können dies als Phänomen bei stigmatisierten Gläubigen in greifbarer Form beobachten, während es sich uns in der künstlerischen Darstellung erst über die Interpretation erschließt. Eine diesbezüglich unübertroffene Darstellung von der Mächtigkeit des Handchakras ist Michelangelos Deckenfresko »Die Erschaffung Adams« in der Sixtinischen Kapelle in Rom.

Die Hand Gottes richtet sich in dieser Darstellung auf Adams Hand, um ihn zu beseelen. Der Schöpfungsimpuls fließt über die Zeigefin-

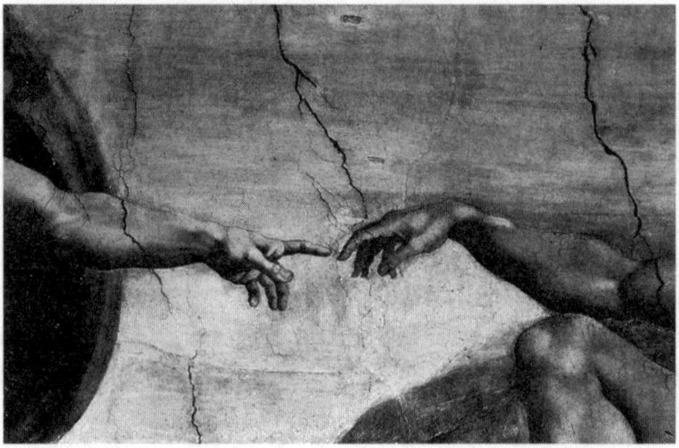

Ausschnitt: Die Erschaffung Adams von Michelangelo Buonarroti

ger. Es ist der Finger, mit dem wir uns selbst bezeugen, in dem unsere Person und unsere Egokraft zum Ausdruck kommen. »Gott schuf den Menschen zu seinem Ebenbild«, dieser biblische Satz wird durch die gewählte Geste zum greifbaren Symbol. Zudem steht der Zeigefinger in einer besonderen Beziehung zum Herzchakra, das wiederum das Handchakra dominiert. Und während Adams Finger noch statisch in einer Ebene nach unten gerichtet sind, ist die Hand des Schöpfers raumgreifend und dynamisch, aber dennoch konzentriert. In dieser Allegorie wird uns auf dem Umweg über unser Kulturverständnis anschaulich, wie der Buddha durch die Magie der Mudra Gestalt im Menschen annehmen kann.

Die Vielgestalt des Handchakras ist in Michelangelos Bildwerk durch die aktive Schöpferhand und die passive Menschenhand in idealer Weise umschrieben. Denn beide Aspekte finden sich als Polaritäten in unserer Hand und in der Gestalt der Mudra wieder. Zum einen ist die Hand das weltenformende Instrument unseres Geistes, gleichzeitig aber ist sie auch sinnliches Medium, durch das wir die Welt in ihrer Körperhaftigkeit begreifen, annehmen und durch das wir uns, mit dem Ziel der Hingabe, in sie hineinbegeben. Ein Satz des Thomas von Aquin unterstreicht diese Sicht: »Gott will, daß der Mensch die Hand habe, damit sie der Vernunft diene, und daß der Mensch Vernunft habe, weil er wollte, daß der Mensch sei, um der Vollendung der Welt willen.«

Das Handchakra wird überwiegend als mit dem Herzchakra, dem Anahatachakra, im Wechselspiel stehend interpretiert. Allerdings ist diese Verbindung mit dem Herzchakra zwar ein dominanter Ausdruck des Handchakras, indes korrespondieren die restlichen vier Rumpfchakren gleichermaßen mit unserer Hand und dürfen daher nicht übersehen werden. Die fünf Rumpfchakren werden als überwiegend psychologisch wirksame Chakren betrachtet, durch die dem Menschen seelische Kräfte zufließen, die ihn in den Stand versetzen, in der Welt zu bestehen und sich zu vervollkommnen. Entsprechend finden sich fünf Energiezentren in der Handinnenfläche, wie in der Zeichnung dargestellt.

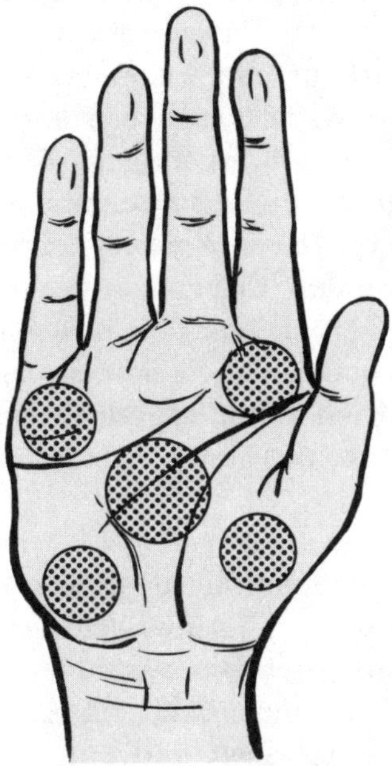

Das Handchakra selbst, in der Handmitte, wird demnach von vier kleineren Chakren umgrenzt. Die Chakren liegen dabei auf Bezugspunkten, die in der Cheirosophie, der Handlesekunst, als gleichwertige Ausdruckszentren seelischer Innerlichkeit stehen. Alle fünf Energiekreise in der Handfläche sind dabei mit den fünf Rumpfchakren in folgender Weise verknüpft:

1. Das Chakra auf dem Daumenballen ist mit dem Muladharachakra verbunden. Es ist das unterste Charka. Am Damm zwischen Anus und Geschlecht gelegen, wird es häufig als Erdchakra oder Wurzelchakra bezeichnet, da in ihm vor allem physisch umsetzbare Kräfte der Selbstbehauptung wirken. Der cheirosophischen Deutung nach ist an dieser Stelle der Hand die Vitalkraft geborgen.
2. Das Chakra auf dem äußeren Handballen steht in Verbindung mit dem Svadhistanachakra, das auch als Sakral- oder, wegen seiner Lage, als Sexualchakra gilt. In ihm wirken subjektive Kräfte der sinnlichen Wahrnehmung. Entsprechend der cheirosophischen Auffassung ruhen hier transpersonale, traum- und triebhafte Kräfte.
3. Das Chakra in der Handmitte oder Handmulde gilt als das eigentliche Handchakra. Es ist in seiner Intensität mächtiger als die es umgebenden vier Chakrenpunkte. Betrachtet man die untere Hälfte dieser Zone gegen das Licht, kann man den Puls des Herzens erkennen. Dieser Pulsschlag dürfte übrigens die physische Komponente des nur in der christlichen Welt bekannten Phänomens der Stigmatisation sein. Mit dem Herzchakra, mit dem dieser Energiekreis verknüpft scheint, werden Eigenschaften wie Kommunikation und Mitleidsfähigkeit verbunden. Gemäß cheirosophischer Deutung fließen in dieser Zone die durch die wesenhaften Eigenschaften einer Person geprägten Eindrücke zu einer komplexen Wahrnehmung zusammen, aus der heraus sich der individuelle Handlungsimpuls formt.
4. Das Chakra unterhalb des Zeigefingers ist mit dem Manipurachakra verbunden, das gemeinhin mit dem Solarplexus, dem Sonnengeflecht hinter unserer Magengrube, gleichgesetzt wird. Als wesentliche Eigenschaften dieses Chakras gelten Persönlichkeitsbildung und objektive Wahrnehmungsfähigkeit. Aus cheirosophischer Sicht steht dieser Bereich der Hand für die Egokraft.
5. Das Chakra unterhalb des kleinen Fingers birgt in sich Kräfte, die ihm aus dem Vishuddachakra zuströmen. Dieses Chakra wird wegen seiner Lage auch Kehlkopfchakra genannt. Es ist das höchste der Rumpfchakren und verbindet die somatischen Energiezentren mit den höher gelegen spirituellen Chakren. Die in ihm wirkenden Kräfte sind darum vornehmlich geistiger Art. Sprache, Intelligenz und Selbsterkenntnis werden mit ihm in Verbindung gebracht. Dies

entspricht auch grundsätzlich der cheirosophischen Ausdeutung dieses Sektors der Hand.

Durch die Wiederholung und Bündelung der Kräfte der Rumpfchakren in unseren Handflächen halten wir mit dem Handchakra buchstäblich eine außerordentliche Quelle der Kraft in Händen. Entsprechend leiten wir über unsere Hände feinstoffliche, seelenbildende Kraft in die Dinge, die wir mit unseren Händen berühren, und nehmen gleichzeitig entsprechende Impulse auf, die wir in unsere tiefste Innerlichkeit lenken. Über eine geformte Mudra geschieht ein gleichwertiger Austausch zwischen innerer und äußerer Welt. Denn in die Mudra fließt über die Chakren ursprüngliche Kraft. In der Mudra selbst wird sie entäußert und gleichermaßen aufgenommen. Die durch die Mudra gelenkte Energie wird sich hierdurch quasi selbst bewußt. Es ist eine Wahrnehmung, in der der Gegenstand der Beobachtung und des Beobachters durch keine Interpretation getrennt werden. Eine solche unmittelbare Wahrnehmung ist kennzeichnend für reine Intelligenz, wie sie sich in der wahren Meditation einstellen sollte. Die geschilderte Imagination des Göttlichen durch die Mudra ist unter diesem Aspekt ein echtes energetisches respektive aurasomatisches Geschehen und kein Akt der Suggestion. Auch die Wirkung von Heilmudras wird hierdurch verständlich. Der heilsame Impuls erhält durch die Mudra Gestalt und wird in seiner Gestalthaftigkeit wiederum zum Anstoß physischer und psychischer Wahrnehmung und Wandlung.

In ihrer simpelsten Form nehmen wir dieses Geschehen wahr, wenn wir unsere Hände wie bei der vorbereitenden Übung (siehe Seite 52) reiben. Durch solches Handreiben streicheln wir gewissermaßen auf energetische Weise Leib und Seele. Reichen wir uns unsere Hände, so geben wir uns in entsprechend feinstofflicher Weise zu erkennen und nehmen unser Gegenüber auf derselben Ebene wahr. Dabei empfinden wir nicht umsonst einen festen Händedruck als herzhaft, denn über die angespannte Muskulatur werden Impuls und Wahrnehmung intensiviert. Hinter einem laschen Händedruck steckt demnach auch eine Person, die ihre Innerlichkeit zu verbergen versucht. Dagegen wird beim Händchenhalten von Paaren der seelische Gleichklang zwischen beiden befördert. Eine zugegebenermaßen ungewöhnliche Untersuchung an der psychologischen Fakultät der Hebräischen Universität in Jerusalem belegt diese feinstoffliche Empfindsamkeit. Danach sollten Väter ihr neugeborenes Kind unter drei Babys herausfinden, indem sie mit verbundenen Augen mit ihrem Zeigefinger über deren Handrücken strichen. 61 Prozent der Testväter erkannten auf diese Weise ihr Kind, das sind immerhin 90 Prozent mehr, als es der Wahrscheinlichkeit nach sein dürften.

In welchem Maße wir über das Handchakra unsere sinnlichen Wahrnehmungen abrunden, kann man nicht zuletzt an Schilderungen von Blinden ermessen, die berichten, daß sie sich neben den Fingern am meisten über ihre Handflächen orientieren. So gewinnen sie über ihre Handfläche nicht nur ein räumliches Empfinden, sondern können sogar über sie wahrnehmen, ob die Umgebung, in der sie sich aufhalten, für sie als schön und angenehm zu erachten ist. Wir selbst greifen unbewußt auf diesen feinstofflichen Tastsinn zurück, sobald wir uns in Dunkelheit bewegen. Denn mit unseren vorgehaltenen Händen sichern wir uns nicht nur vor Hindernissen, sondern erkunden auch gleichzeitig den Raum.

Um dem räumlichen Eindruck und damit der Empfindsamkeit des eigenen Handchakras bewußt nachzuspüren, sollten Sie mit geschlossenen Augen eine Ihnen bekannte Umgebung »abtasten«. Halten Sie dabei Ihre Hände im 45°-Winkel nach vorne weg. Üben Sie am besten zu zweit, indem Sie Ihre Eindrücke Ihrem Partner zur Kontrolle mitteilen. Teilen Sie ihm mit, vor welchem Gegenstand Sie sich gerade befinden und wie weit Sie sich davon entfernt glauben und wo seine Begrenzungen sind. So vermeiden Sie es, zur Bestätigung immer wieder die Augen öffnen zu müssen, und können sich intensiver in Ihr Handchakra hineinfühlen. Mit dieser Übung schulen wir gleichzeitig eine Eigenschaft, die man mit »Rücksicht« umschreiben kann. Denn durch das erweiterte sinnliche Raumempfinden ermöglichen wir es uns, auch den Raum in unserem Rücken wahrzunehmen. Wir sind so zunehmend imstande, über unser Sichtfeld hinauszu»blicken«. Diese Befähigung kommt uns letztlich bei der Anwendung von Mudras wieder zugute, da durch das gesteigerte Feingefühl die Impulse einer Mudra wesentlich nachhaltiger wirken.

Eine andere Übung, bei der wir eine Ahnung von dem Schönheitsempfinden, wie es sich über unsere Hände mitteilen kann, gewinnen, beruht auf der Tatsache, daß wir schön und häßlich auch als warm und kalt wahrnehmen können. Legen Sie hierzu zwei Gegenstände vor sich hin, einen, den Sie für schön, und einen, den Sie für ausgesprochen häßlich erachten. Halten Sie daraufhin bei abgewendetem Gesicht Ihre Hand mal über den einen, mal über den anderen Gegenstand, werden Sie über dem schönen ein warmes Gefühl in Ihrer Handfläche verspüren, während über der häßlichen Sache ein Kälteempfinden durch Ihre Handmitte weht.

Übungen zur Sensibilisierung der Handchakren

Das feinstoffliche Wirken der Chakren und der Umgang mit der Chakrenkraft ist in ungewöhnlicher und nicht einsichtiger Weise mystifiziert. Grund hierfür mag die archaische Yogatradition sein und die Adaption dieser Lehren durch die Theosophie im 19. Jahrhundert. Hierdurch wurden der spirituelle Aspekt und das dieser Sicht eigene Erleuchtungsstreben überbetont, mit der Folge, daß den meisten Menschen wirkende Impulse höherer Chakren schlichtweg abgesprochen wurden. Auch die heutige Ummäntelung des Wissens von den Chakren mit der bildhaften Auffassung hinduistischer Kosmographie und Heilslehre verhindert das Verständnis und eine entkrampfte, neugierige Auseinandersetzung mit diesen Kräften. Dabei sind die Einflüsse der Chakrenkräfte auf unsere körperliche und seelische Verfassung und deren Wechselbeziehungen keineswegs so sensationell wie vielfach verkündet. In jedem von uns fließen diese Kräfte und sind alle Chakren jederzeit aktiv! Über die Mudras kann man auf diese Kräfte gezielt Einfluß nehmen, sie lenken und verstärken. Um das Wirken der Chakrenkräfte zu fördern und somit von der feinstofflichen Ebene her unserer Seele und unserem Leib Impulse zu vermitteln, sind die Handchakren besonders geeignet; schließlich sind in ihnen die bewußtseinsprägenden fünf Rumpfchakren aufs innigste verflochten. Die regelmäßige Stimulation unserer Handchakren steigert unsere Empfindsamkeit für die Chakrenenergie und befördert gleichzeitig die Impulskraft angewandter Mudras.

Die nachstehenden Übungen eignen sich daher für den täglichen Gebrauch. Sie wirken insgesamt belebend und erfrischend auf unser

Seelenempfinden und unseren Seelenausdruck. Hierdurch wird unsere Kommunikationsfähigkeit mit unserer Umwelt in eindringlicher Weise erweitert. Unsere sinnliche und geistige Wahrnehmung wird geschärft und unmittelbarer, und wir erscheinen in unserer Person unverstellter, klarer und strahlender.

Die beschriebenen Übungen sind prinzipiell eigenständige Mudras. Als solche können Sie sie bei Bedarf formen, wobei Sie dann die ausgewählte Übung mindestens dreimal, besser jedoch neunmal täglich durchführen sollten. Die Übungsdauer der einzelnen Mudras ist unterschiedlich. In der Regel beträgt sie fünf Minuten, manche, wie beispielsweise die Augenmudra, sind, bedingt durch ihre Struktur, jedoch erheblich kürzer. Verwenden Sie die Mudras lediglich zur Sensibilisierung der Handchakren, können Sie sie in der beschriebenen Folge nacheinander ausführen oder sich selbst eine Abfolge aus jenen Mudras zusammenstellen, mit denen Sie die für Sie eindrucksvollsten sinnlichen Erfahrungen gewinnen konnten.

1. Augenmudra

Beschreibung: Reiben Sie die flachen Hände schnell und heftig aneinander, bis sich Ihre Handflächen erwärmen. Halten Sie dann die Handflächen leicht gewölbt vor Ihre geöffneten Augen. Sie werden daraufhin ein leichtes Ziehen auf Ihren Augäpfeln bemerken. Behalten Sie die Mudra bei, bis diese Wirkung nachläßt. Wiederholen Sie die Übung dreimal. Wollen Sie sie als eigenständige Mudra verwenden, sollten Sie die Übung dreimal täglich durchführen.

Wirkweise: Die Wirkung, die diese Mudra auf Ihre Augen ausübt, ist nicht nur auf die abstrahlende Wärme Ihrer Handflächen zurückzuführen, sondern vermittelt Ihnen auch einen sinnlichen Eindruck von der Kraft der Handchakren. Diese Mudra ist zum einen eine Heilmudra. Als solche verbessert sie die Sehkraft und macht Ihre Augen strahlender, ein Effekt, der im Altertum in schädigender Weise mit Belladonna, dem Saft der Tollkirsche, angestrebt wurde. Zum anderen ist diese Mudra auch eine Intuitionsmudra, durch die Sie Ihren sechsten Sinn verfeinern können. Mit dem sechsten Sinn werden vor allem Eigenschaften wie Präkognition, das Vorauswissen künftiger Ereignisse, und Telepathie, Wahrnehmung der Seelenbefindlichkeit anderer Menschen über größere Entfernungen, umschrieben.

2. Lepa-Lepaning

Beschreibung: Reiben Sie die flachen Hände langsam in gegenläufig kreisenden Bewegungen aneinander, bis sie einen merkbaren Temperaturunterschied zwischen Handchakren und Handballen wahrnehmen; die Handchakren sollten deutlich kühler wirken. Klatschen Sie darauf einmal in die Hände. Reiben Sie erneut die Hände, etwa so lange wie zuvor. Der vorher wahrgenommene Temperaturunterschied wird hierdurch noch deutlicher. Klatschen Sie nun zweimal in die Hände. Reiben Sie ein drittes Mal Ihre Hände und klatschen abschließend einmal. Danach formen Sie die Mudra, indem Sie die Daumen aneinanderlegen und darüber Zeige- und Mittelfinger mit den Kuppen dachförmig zusammenhalten. Ihre Daumenspitzen sollten von der Kerbe zwischen Zeige- und Mittelfinger bedeckt werden. Die Handflächen weisen nach vorne, Ring- und kleiner Finger sind gestreckt. Halten Sie die Mudra in Kinnhöhe.

Wirkweise: Diese Mudra, die Bestandteil des Reinigungsrituals hinduistischer Priester auf Bali ist, regt die Empfindsamkeit der Handchakren in besonderer Weise an. Über Ihre Handflächen spüren Sie, wie die Handchakren Kraft abstrahlen und gleichzeitig Energie aufnehmen. Diese Mudra ist in jeder Weise anregend, insbesondere steigert sie die dingliche Aktivität. Lebenskraft, Zuversicht und Frohsinn gehen mit ihr einher. In kritischen Situationen verfestigt sie das Erfolgsstreben. Gleichzeitig werden durch sie psychische Blockaden, insbesondere gedankliche Fixierungen, gelöst. Innerer Gleichklang stellt sich ein, und die Härten und Kanten des Alltags werden sanfter und erfahren Rundung.

3. Polarisationsmudra

Beschreibung: Falten Sie Ihre Hände und streichen Sie mit der Daumenkuppe der rechten Hand über die Handmitte Ihrer linken Hand. Dabei sollten Sie es möglichst vermeiden, mit dem Daumennagel das Handchakra zu berühren. Nach etwa einer Minute wechseln Sie und streicheln in gleicher Weise mit Ihrem linken Daumen das rechte Handchakra. Wiederholen Sie diese Mudra dreimal hintereinander. Halten Sie danach Ihre geöffneten und entspannten Hände in einer bequemen Position von sich. Ihre Handflächen sollten dabei etwa in einem 45°-Winkel nach oben weisen.

Wirkweise: Der Effekt dieser Mudra ist schon körperlich sehr eindringlich, und es wird eine gute Weile dauern, bis der Reiz in Ihrer Handfläche abklingt. Versuchen Sie nicht, ihn durch Abstreifen zu verkürzen. Denn neben dem körperlichen Kitzel, der Ihre Sinne belebt, werden außer den Handchakren vor allem die beiden unteren Rumpfchakren, Muladhara und Svadhistana, angeregt. Dies und die grundsätzliche Bipolarität der beiden Handchakren zueinander befördern eine körperliche und seelische Munterkeit. Dabei kommt es allerdings nicht zu einem Ausgleich etwaiger konträrer Energiepotentiale. Vielmehr werden die Gegensätzlichkeiten noch betont, was Ihrer Spannkraft in jeder Weise zugute kommt. Sie erleben dies durch eine Ihnen gemäße verstärkte Sinnlichkeit und gedankliche Entschiedenheit.

Die gegensätzliche Polarität Ihrer Handchakren können Sie mit einem siderischen Pendel selbst testen. Halten Sie dazu das Pendel über Ihre Handmitte und lassen es kreisen. Sie werden dabei feststellen, daß sich das Pendel über der rechten Handfläche entgegen der eingeschlagenen Richtung über der linken Handfläche dreht. Zudem wirkt die Polarisation in jeder Hand für sich allein; kehren Sie nämlich Ihre Handfläche unter dem kreisenden Pendel nach unten, so bewegt es sich über Ihrem Handrücken in die andere Richtung.

4. Energiebällchen

Beschreibung: Halten Sie die flach gestreckten Hände in knapp fingerbreitem Abstand mit den Handflächen zueinander. Lassen Sie darauf in dieser Position Ihre Hände in kleinen Bewegungen gegeneinander kreisen. Sie werden dabei sehr rasch das Gefühl haben, als würden sich Ihre Hände wie zwei aneinandergehaltene gegenpolige Magnete bewegen. Zugleich stellt sich der Eindruck ein, als baue sich ein »Energiepolster« zwischen Ihren Handflächen auf. Sobald sich dieses Empfinden verfestigt, beginnen Sie, Ihre Hände auf horizontaler Ebene voneinander weg und aufeinander zu zu bewegen. Dabei vergrößern Sie ganz allmählich den Abstand zwischen beiden Händen. Achten Sie jedoch darauf, daß das Gefühl für das Energiepolster zwischen Ihren Händen nicht abreißt. Bewegen Sie Ihre Hände auseinander, scheint dieses Polster nämlich dünner zu werden. Führen Sie hingegen Ihre Hände wieder zueinander, scheint sich das Polster wieder zu verfestigen. Wechseln Sie zwischen kreisenden und Hin- und Her-Bewegungen ab. Auf diese Weise können Sie den Abstand zwischen Ihren Händen Zug um Zug vergrößern. Das Energiepolster wächst dabei gleichsam mit, ohne daß seine Dichte abnimmt, im Gegenteil, sie nimmt auf diese Weise meistens sogar noch zu.

Sobald Ihre Hände etwa eine Handspanne voneinander entfernt sind, lassen Sie sie so kreisen, als würden Sie das Polster zwischen Ihren Händen zu einem Ball drehen, wodurch es noch mehr an Dichte gewinnt. Stellt sich für Sie der Eindruck ein, daß die Dichte nicht weiter anwächst, atmen Sie dieses »Energieballchen« durch die Nase ein. Lassen Sie Ihren Atem dabei in Ihrer Vorstellung bis zum tiefsten Grund Ihres Rumpfes sinken. Halten Sie darauf den Atem kurz an und stoßen Sie ihn schließlich heftig durch die Nase aus.

Wirkweise: Neben dem sinnlichen Eindruck von der Kraft Ihrer Handchakren bewirkt die Mudra auch die Potenzierung dieser Energie. Hierdurch wird Ihre feinstoffliche Kraft insgesamt gestärkt. Aurasichtige würden dies daran erkennen, daß sich die Farben Ihres Lichtkleides auffrischen und klären. Darüber hinaus werden Sie auf der sinnlichen Ebene bemerken, daß Ihr Geruchssinn für eine geraume Weile besonders geschärft sein wird. Diese Steigerung ermöglicht uns auch eine intuitivere Wahrnehmung. Insgesamt wirkt diese Mudra in tiefgründiger, aber milder Weise anhaltend belebend. Von daher eignet sie sich auch als morgendliche Übung zur Belebung der Sinne.

5. Handpentagramm

Die Chakren der Handfläche lassen sich durch ein Pentagramm miteinander verbinden, sofern man einen weiteren Punkt in der Handfläche mit berücksichtigt. Als solcher bietet sich die Erhebung des Handtellers über der Daumenkerbe an. Nach cheirosophischer Lesart wird diese Erhebung »kleiner Marsberg« genannt. Er gibt Auskunft über Stärke und Prägung unseres Handlungsimpulses und unseres Gestaltungswillens. Dies sind Eigenschaften, die auch durch das Nebenchakra des Herzchakras, das Anandakanda, zum Ausdruck gelangen.

Beschreibung: Fahren Sie mit den zusammengehaltenen Spitzen von Daumen und Zeigefinger der rechten Hand das skizzierte Pentagramm in Ihrer linken Handfläche nach. Beginnen Sie nahe der Handgelenkfalte am unteren Daumenballen und ziehen Sie hinauf zur Zeigefingerwurzel. Von dort aus bewegen Sie sich hinab zum äußeren

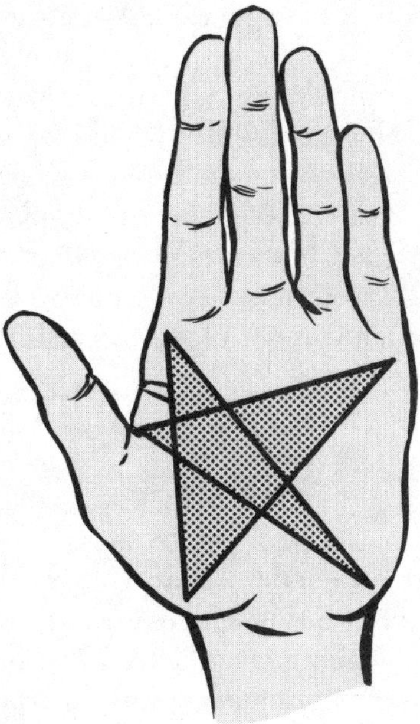

Handballen, fahren hinüber zur Daumenkerbe und weiter zu Ihrem kleinen Finger, um schließlich zum Daumenballen zurückzukehren. Wiederholen Sie diese Bewegung durch Ihren Handteller dreimal. Lassen Sie danach Ihre Hand so lange geöffnet, bis der entstandene Reiz in ihr abgeklungen ist.

Wirkweise: Die Wirkung dieser Mudra ist äußerst diffizil und umfassend, so daß sie in ihren Einzelheiten in diesem Rahmen nicht dargestellt werden kann. Generell bewirkt sie eine positive Steigerung der körperlichen Empfindsamkeit, womit vor allem eine feinnervige und umfassende Wahrnehmung körperlicher Reaktionen auf emotionale Regungen gemeint ist. Es sind dabei vor allem wohlige Gemütsbewegungen, die sich hierdurch nachhaltig manifestieren, während negative Gefühle aufgehellt beziehungsweise gehemmt werden. Neben der sinnlichen Anregung der Handchakren in der beschriebenen Abfolge ist es insbesondere die auf die Handfläche übertragene Symbolik des Pentagramms, die die Wirkung befördert. Schließlich ist das Pentagramm als Sinnbild der Zeitlosigkeit und der Erhöhung ein kräftiges weißmagisches Zeichen. Mithin gilt diese Mudra auch als ein probates Schutzsiegel.

Häufig klingt der vermittelte Stimulus dieser Mudra in unterschiedlicher Weise ab. Einzelne Punkte der Hand bleiben länger sensibilisiert als andere. Aus diesen Unterschieden lassen sich Rückschlüsse auf die Chakrenaktivität ableiten, wobei jene Punkte zuerst abklingen, deren korrespondierende Chakren im Augenblick der Übung am wenigsten geöffnet sind. Insofern ist diese Übung auch gut dafür geeignet, sich einen Eindruck von der eigenen feinstofflichen Befindlichkeit zu verschaffen.

Fingerspiele

Neben sehr einfach zu formenden Mudras, wie sie etwa in den bisherigen Übungen vorgestellt wurden, gibt es eine Vielzahl sehr komplexer Mudras, die eine ungewohnte Handhaltung bedingen. Durch einseitige manuelle Tätigkeiten beziehungsweise den Mangel an solchen ist für etliche unter uns die Geschmeidigkeit und Beweglichkeit der Hände nicht immer im hierfür erforderlichen Ausmaß gegeben. Andererseits kann eine Mudra nur dann ihre ganze innere Kraft zur Geltung bringen, sofern sie auch mit Anmut und Leichtigkeit gehalten wird. Verkrampfte Finger beziehungsweise eine verspannte Handmuskulatur behindern den Energiefluß oder können in Extremfällen gar konträre Impulse vermitteln. Fingerübungen, durch die die Elastizität der Hand trainiert wird, beugen einer solchen Einschränkung vor; sie sind gewissermaßen Lockerungsübungen vor Beginn einer Mudra. Gleichzeitig steigert Fingergymnastik die Sensibilität für eine Mudra.

Allerdings können Fingerübungen eine seit längerem eingeschränkte Geschmeidigkeit der Hände nicht von heute auf morgen beheben. In solchen Fällen sollten die nachstehenden Fingerübungen über einen längeren Zeitraum regelmäßig durchgeführt werden. Zu diesem Zweck wurden sie zu einem aufeinander abgestimmten Übungsprogramm zusammengefaßt. Da eine wiedererlangte Geschmeidigkeit der Hände sich wiederum wohltuend auf Körper und Seele auswirkt, kann die Übungsabfolge auch als generell stabilisierende Heilmudra aufgefaßt werden. Darüber hinaus spricht jede Übung für sich einen eigenen psychosomatischen Aspekt in heilsamer Weise an.

Grundsätzlich empfehle ich Ihnen, den gesamten Ablauf dieser Übungen einmal durchzuexerzieren. Übungen, die Ihnen hierbei Schwierigkeiten machen, sollten Sie täglich wiederholen, bis Sie Ihnen leicht von der Hand gehen. Die vorbereitende Übung sollten Sie dabei Ihrem individuellen Programm stets voranstellen.

1. Vorbereitende Übung, ätherische Mudra

Wärmen Sie Ihre Hände an, indem Sie sie wie beim Händewaschen einander wechselweise umschlingend reiben. Halten Sie alsdann Ihre ohne Spannung geöffneten Hände bei abgewinkelten Armen in der Horizontalen. Drehen Sie die Handflächen abwechselnd von Atemzug zu Atemzug mal zum Boden, mal zum Himmel. Versuchen Sie dabei, der Dichte der Erde und der Leichtigkeit des Firmaments über Ihre Handchakren nachzuspüren. Glauben Sie, hiervon einen Eindruck gewonnen zu haben, heben Sie Ihre Hände über Ihren Kopf und streifen mit geöffneten Fingern in sanften Bewegungen durch den Äther. Denken Sie sich dabei Ihre Hände als Blätter einer Baumkrone, die vom Wind leicht geschaukelt werden. Lassen Sie sich darauf ein, werden Sie ein Empfinden für dieses feinstoffliche Element entwickeln, das nicht nur sinnlicher, sondern auch seelischer Natur ist. Sibirische Schamanen umschreiben diese seelische Empfindsamkeit für das feinstoffliche Element Äther als Fähigkeit, die Sterne »hören« zu können.

2. Finger lockern

Beschreibung: Schütteln Sie beide Hände gleichzeitig locker aus. Zählen Sie dabei bis zwölf. Danach halten Sie bei schräger Handhaltung die Fingerspitzen Ihrer gespreizten Finger dachförmig aneinander. Pressen Sie dann bei weiterhin schräg gehaltenen Handflächen die Fingerwurzeln zusammen. Jetzt liegen Ihre Finger aneinander, Ihre Handflächen berühren sich nicht. Ein mögliches Knacken der Fingergelenke ist dabei nicht beunruhigend.

Lösen Sie Ihre Hände wieder und legen Sie beide Daumenkuppen an einer Tischkante an. Vollführen Sie darauf mit beiden Händen gleichzeitig eine Handspanne, indem Sie den kleinen Finger jeder Hand so weit von der aufgesetzten Daumenkuppe entfernt, wie es Ihnen möglich ist, gegen die Tischkante halten. Die übrigen Finger dürfen die Tischkante nicht berühren. Gleich darauf lösen Sie den kleinen Finger und führen ihn gegen die Daumenkuppe. Wiederholen Sie diese Art der Bewegung des Spannens und Zusammenführens dreimal der Reihe nach mit allen vier Fingern.

Wirkweise: Diese Übung wirkt auf Körper und Geist so aufmunternd wie eine gute Tasse Kaffee. Je schneller Sie dabei Ihre Finger hintereinander spannen, desto spritziger die Munterkeit, die Sie erfassen wird.

3. Asynchrones Fingerspiel

Beschreibung: Legen Sie beide Hände flach auf den Tisch und versuchen Sie, die Finger beider Hände asynchron anzuheben. Beginnen Sie zunächst mit dem Daumen der rechten Hand und dem Zeigefinger der linken; die anderen Finger sollten derweil ruhig auf der Tischplatte liegen bleiben. Wiederholen Sie die Übung so lange, bis Sie Ihnen dreimal hintereinander fehlerfrei gelingt. Danach heben Sie den Zeigefinger der rechten Hand und den Daumen der linken Hand. Anschließend setzen Sie die Übung mit den anderen Fingern in folgender Weise fort:

Zeigefinger rechts/Mittelfinger links und umgekehrt,
Mittelfinger rechts/Ringfinger links und umgekehrt,
Ringfinger rechts/kleiner Finger links und umgekehrt.

Im Anschluß an dieses Schema versuchen Sie im freien Spiel, nach Gutdünken zwei verschiedene Finger anzuheben.

Wirkweise: Mit dieser Übung trainieren Sie gleichzeitig Ihr spontanes Konzentrationsvermögen sowie Ihre allgemeine Körperbeherrschung.

4. Fingerflattern

Beschreibung: Halten Sie Ihre Hände voneinander getrennt in Magenhöhe und drehen Sie sie in leichten Schraubbewegungen hin und her; bewegen Sie dazu gleichzeitig Ihre gestreckten Finger in unkoordinierten Bewegungen rasch auf und ab. Führen Sie diese Bewegung etwa zehn Sekunden lang aus. Anschließend heben Sie Ihre Hände leicht an, so daß Ihre Handflächen nach vorne weisen. Klappen Sie nun ähnlich dem Winken von Kleinkindern mehrmals mit Ihren Fingerspitzen möglichst tief auf Ihre Handballen. Auch dieser Teil der Übung sollte ungefähr zehn Sekunden währen.

Wiederholen Sie die gesamte Übung dreimal hintereinander. Als Einzelübung sollte sie zwölfmal wiederholt werden.

Wirkweise: Diese Übung wirkt kreislaufanregend und dementsprechend erwärmend. Im Winter wirkt sie vorbeugend gegen Erkältungskrankheiten. Darüber hinaus wird Ihre Atmung tiefer.

5. Fingerdruck

Beschreibung: Diese Übung wird mit beiden Händen gleichzeitig ausgeführt. Halten Sie die Kuppe Ihres Zeigefingers gegen Ihren Daumennagel und pressen Sie beide Finger mit möglichst viel Druck gegeneinander. Zählen Sie dabei langsam bis fünf. Danach halten Sie die Daumenkuppe gegen den Zeigefingernagel und pressen wieder beide Finger langsam bis fünf zählend gegeneinander. Wiederholen Sie diese Bewegung in gleicher Weise der Reihe nach mit allen Fingern.

Als Einzelübung sollten Sie dieses Fingerspiel dreimal hintereinander wiederholen.

Wirkweise: Durch diese Übung rücken Sie Ihrer Seele näher. Unklare Empfindungen werden Ihnen deutlicher. Ihr Selbstverständnis wächst.

6. Fingerstern

Beschreibung: Sie halten Ihre Hände mit leichtem Druck nur an den Fingerspitzen zusammen. Ihre Finger sind gespreizt und Ihre Handflächen stehen ungefähr im 45°-Winkel gegeneinander. Tippen Sie nun dreimal mit dem Daumen der rechten Hand gegen den Zeigefinger der rechten Hand. Die anderen Finger sollten Sie dabei möglichst ruhig halten und die Fingerspitzen nicht voneinander lösen. Anschließend tippen Sie gleichermaßen mit dem Zeigefinger dreimal zum Daumen und setzen die Übung in rascher Folge wie nachstehend fort:

Zeigefinger zu Mittelfinger und Mittelfinger zu Zeigefinger,
Mittelfinger zu Ringfinger und Ringfinger zu kleinem Finger,
kleiner Finger zu Ringfinger und kleiner Finger zu Daumen,
Daumen zu kleinem Finger.

Wiederholen Sie daraufhin die Übung bei unveränderter Handhaltung mit den Fingern Ihrer linken Hand. Und sofern Ihnen Ihre Hand etwas zu unruhig vorkam, dürfen Sie die Übung noch ein zweites oder drittes Mal wiederholen.

Wirkweise: Diese Übung steigert neben dem allgemeinen Konzentrationsvermögen Ihr körperliches Feingefühl.

7. Fingerknickse

Beschreibung: Halten Sie Ihre offenen Hände mit einander zugewandten Handflächen eine Elle weit auseinander, und führen Sie die Übung mit beiden Händen gleichzeitig aus. Knicken Sie bei senkrecht gehaltenen und gestreckten Händen Ihre Zeigefinger mit den beiden oberen Gliedern so tief wie möglich ab. Im Idealfall berührt die Zeigefingerkuppe das untere Zeigefingerglied. Die anderen Finger sollten bei dieser Übung in gestreckter Position bleiben. Wiederholen Sie die Übung dreimal. Danach führen Sie die gleiche Bewegung der Reihe nach hintereinander mit den übrigen Fingern aus.

Falls Sie einen Finger nur abknicken können, indem sich andere Finger mitbewegen, oder es Ihnen nicht möglich ist, einen Finger mit der Kuppe bis zum Unterglied zu knicken, sollten Sie diesen Finger gesondert trainieren. Dabei unterstützen Sie die fragliche Hand mit Ihrer anderen Hand, indem Sie mit ihrer Hilfe die Finger gestreckt halten beziehungsweise den zu bewegenden Finger nach unten drücken. Üben Sie dabei jedoch nur sanften Druck aus, Sie könnten ansonsten Ihre Fingersehnen schädigen! Manchmal genügt es auch, den fraglichen Finger mit dem Daumen derselben Hand in der gewünschten Stellung zu halten. Ziel der Übung sollte es allerdings langfristig sein, die Bewegung ohne Hilfestellung durchzuführen. Dabei kommt es weniger darauf an, den abzuknickenden Finger mit seiner Kuppe gegen das Unterglied zu halten, als vielmehr darauf, die unbeteiligten Finger senkrecht zu halten.

Wirkweise: Durch diese Übung stärken Sie Ihre psychische Präsenz. Sie werden seelischen Verletzungen gegenüber unempfindlicher und können sich gleichzeitig besser nach außen hin vertreten. Auf der körperlichen Ebene wirkt diese Mudra heilsam für Ihre Gelenke. Wie tiefgreifend diese Übung Ihre seelische Selbstbefindlichkeit durch die Ansprache jedes einzelnen Fingers positiv zu beeinflussen vermag, können Sie an der typgleichen Aralamudra (siehe Seite 17) ablesen.

8. Kleiner Schmetterling

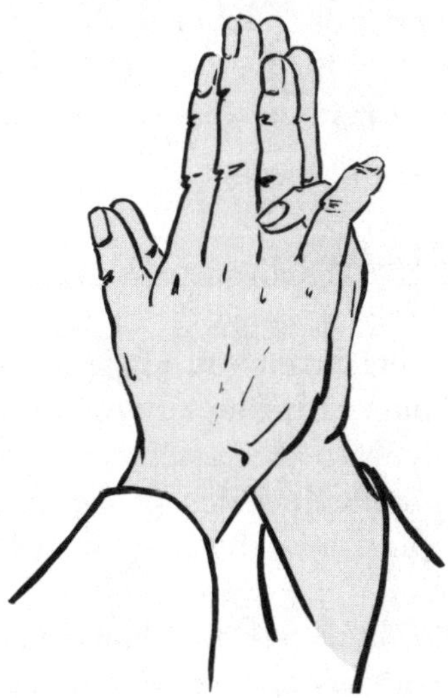

Beschreibung: Halten Sie Ihre Hände mit gespreizten Fingern flach aneinander. Alsdann »winken« Sie mit dem kleinen Finger Ihrer rechten Hand dreimal links und dreimal rechts am kleinen Finger der linken Hand vorbei. Alle anderen Finger sollten dabei unbewegt bleiben. Nach dem kleinen Finger wiederholen Sie die Bewegung mit dem Ringfinger der rechten Hand, indem Sie mit ihm beiderseits des linken Ringfingers winken. In gleicher Weise setzen Sie die Übung mit Ihrem Mittelfinger, Zeigefinger und Daumen fort. Anschließend wiederholen Sie die Übung mit den Fingern Ihrer linken Hand. Je zügiger Sie die Übung durchführen, um so besser.

Wirkweise: siehe großer Schmetterling

9. Großer Schmetterling

Beschreibung: Diese Übung gleicht in ihrem Ablauf dem kleinen Schmetterling, nur winken Sie jetzt nicht mit einem Finger, sondern mit den beiden gegengleichen Fingern. Sie beginnen, indem Sie Ihre kleinen Finger gleichzeitig dreimal winkend in der einen Richtung und anschließend dreimal in der anderen Richtung aneinander vorbei bewegen. Setzen Sie die Übung mit allen anderen Fingern der Reihe nach fort.

Wirkweise: Kleiner und großer Schmetterling sind zusammengefaßt eine Übung, durch die Sie Ihr Gemüt merklich aufhellen. Trübsinn verschwindet, und Heiterkeit und Freude breiten sich in Ihrem Herzen aus.

Weitere Empfehlungen für Fingerspiele

Bei ausreichender Beweglichkeit von Fingern und Händen erübrigt sich meist ein solch kompaktes Programm, um sich auf eine Mudra vorzubereiten respektive sich die Geschmeidigkeit seiner Hände zu erhalten. Gleichwohl empfiehlt es sich, wenigstens einmal am Tag ein Fingerspiel durchzuführen. Dazu bieten sich auch nachstehende Fingerspiele an.

- In Anlehnung an die Schmetterlingsübungen können Sie Ihre Fingerbeweglichkeit mit einem *doppelten Schmetterling* trainieren. Hierbei bewegen Sie zwei Finger gleichzeitig dreimal in der einen und dreimal in der anderen Richtung aneinander vorbei, und zwar in folgender Reihenfolge:

kleiner Finger und Ringfinger
Ringfinger und Mittelfinger
Mittelfinger und Zeigefinger
Zeigefinger und Daumen
Ringfinger und Mittelfinger
Ringfinger und Zeigefinger
Ringfinger und Daumen
Mittelfinger und Zeigefinger
Mittelfinger und Daumen
Zeigefinger und Daumen.

Wiederholen Sie anschließend die gesamte Übung zweimal.

Neben einer allgemein aufmunternden Wirkung stärkt der doppelte Schmetterling auch Ihr Konzentrationsvermögen und verbessert Ihre körperliche Widerstandskraft.

• Auch mit Hilfsmitteln wie Stöckchen oder Fadenspielen kann man die Geschmeidigkeit seiner Hände trainieren. Ein sehr probates Mittel sind die mittlerweile auch in unseren Breiten und hier nicht nur in esoterischen Kreisen etablierten Qi-Gong-Kugeln aus dem Reich der Mitte. Das sind zwei pflaumengroße Kugeln, meist aus Jade oder Metall, die in den Handflächen gegeneinander gedreht werden, wobei Könner damit nahezu artistische Leistungen vollbringen. Ihre heilsame und stabilisierende Wirkung hinsichtlich unseres körperlichen und seelischen Wohlbefindens ist seit Jahrhunderten bekannt und stützt die These westlicher Neurologen von der psychosomatischen Wirksamkeit der Fingerspiele. Statt mit Qi-Gong-Kugeln können Sie Ihre Fingerfertigkeit aber ebenso mit zwei Walnüssen oder Kastanien trainieren. Beide Materialien haben den Vorteil, daß sie etwas griffiger sind, außerdem sollen sie antirheumatisch und heilsam auf die Gelenke wirken, weshalb sie von vielen Menschen im Winter in der Manteltasche getragen werden, um sie spielerisch zwischen den Fingern zu reiben. Erwähnenswert ist schließlich noch, daß das Kugeldrehen auch positive Impulse für die Handchakren setzt, da beim Spiel mit der Kugel die gesamte Handfläche sanft massiert wird.

• Nur wenige Menschen sind beidhändig gleichermaßen geschickt. Meist dominiert bei unseren manuellen Fähigkeiten die rechte Hand. Um dieser Einseitigkeit entgegenzuwirken und einen in etwa gleichgewichtigen Energiefluß in beiden Händen anzuregen, sollten wir auch unsere schöne Hand hin und wieder extra trainieren.

Ziehen Sie dazu beispielsweise mit einem Stift Schlangenlinien, Spiralen und Mäander auf Papier. Wählen Sie dazu ineinander verschlungene, endlose Figuren, damit Sie die Bewegung in ihrer wiederkehrenden Folge an der Linienführung kontrollieren können. Haben Sie darin bereits einiges Geschick entwickelt, sollten Sie sich auch im Zeichnen mit Ihrer linken Hand üben. Mit der linken Hand das Schreiben zu üben ist hingegen weniger empfehlenswert, weil zu ermüdend.

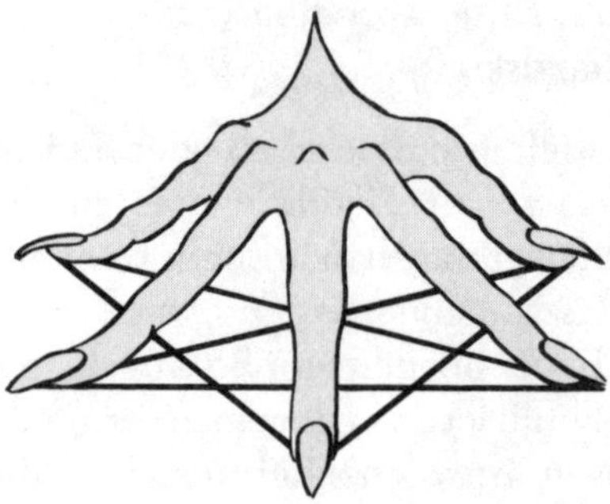

Urkräftige Mudras, ihre Bedeutung und Anwendung

Zwar werden mit jeder Mudra Urkräfte angesprochen, doch fließen je nach Komposition einer Mudra auch sekundäre Energien, das heißt seelen- und körperhafte Kräfte in das Siegel mit ein. Mit Urkaft sind hier vor allem kausale feinstoffliche Energien und transzendente Einflüsse gemeint, also jene Kräfte, die wir in unmittelbarer Verbindung mit der weltenschöpfenden Kraft wähnen. Während die kausale Kraft die uns beseelende Energie ist, die in Gestalt des heilen Seelengrundes das uns Wesenhafte ausmacht, entspricht die transzendente Kraft jenem Medium, durch das wir in Kommunikation mit dem Allumfassenden treten können. Freilich ist solche Kommunikation keine bedachte Zwiesprache, sondern ein im Tiefsten unseres Wesens empfundenes Angesprochensein, durch das uns Begnadung und Seligkeit widerfährt. Das Urkräftige in der Mudra ist somit auch eine wesenlösende Kraft, durch die wir spirituelle Vollendung und geistiges Heilsein erfahren. In dieser Hinsicht wirkt die Mudra auf karmische Verfestigungen der Seele ein.

Je nach religiöser Prägung sind die Vorstellungen von *Karma* verschieden. Grundsätzlich ist im hergebrachten Sinne unter Karma die transzendente Wirkung der guten und bösen Werke, die den Ablauf der Seelenwanderung bestimmen, zu verstehen. Im christlichen Verständnis, dem diese Auffassung fremd ist, mag man Karma in Verbindung mit der Erbsünde setzen, eine Übertragung, die dem, was hier unter Karma verstanden werden soll, sehr nahekommt. Gemeinhin geht zwar die Vorstellung von der Erbsünde mit dem Geschehen unter dem Baum der Erkenntnis im Garten Eden einher, der übrigens ein klassisches Kundalinisymbol ist. Im eigentlichen Sinne ist mit ihr jedoch jener Zustand gemeint, der unserem Menschsein offenbar eigen ist, nämlich daß wir als Wesen entgegen dem ursprünglichen Schöpferwillen der heiligmachenden Gnade nicht teilhaftig sind.

Karma in der hier verwendeten Begrifflichkeit bedeutet abweichend dazu, daß dem Menschen durch die ihn beseelende Kraft im Augenblick der Zeugung zwar eine heile Wesenhaftigkeit zuteil geworden ist, von der wir uns jedoch durch Individualisation so weit entfernen, daß wir uns identisch mit unserer Icherfahrung wähnen und unsere eigentliche Wesenhaftigkeit lediglich als ein uns eingeborenes höheres Gewissen empfinden. Der hierdurch entstehende Konflikt »verfärbt« die kausale Kraft und entfremdet uns der Transzendenz. Er bedingt auf der persönlichen Ebene unsere psychische Konditionierung, die wiederum in einer gewissen Wechselbeziehung zu unserer physischen Verfassung steht.

Diese Spaltung von unserem ureigenen Sein erleben wir intuitiv als schicksalhafte respektive karmische Beschwerung. Und die Überwindung dieser so empfundenen Trennung deuten wir daraufhin als unser eigentliches Lebensziel, dem wir wohl zustreben, dessen Erfüllung wir aber des befürchteten Identitätsverlustes wegen letztlich scheuen. Bedeutete doch ein derartiges Einswerden, daß wir unsere personale Ichzentrierung aufgeben müßten. Folglich nähern wir uns unserer Wesenhaftigkeit wie dem Transzendenten in rationaler wie affektiver Weise, ohne dabei unsere Person zu überwinden. Wir verharren so in dem uns Bekanntem, zu dem wir lediglich das Unbekannte hinzudeuten. Wir bleiben unbegnadet, und das uns Wesenhafte erfüllt sich durch uns nur fragementarisch. Und indem wir entgegen dem ursprünglichen Schöpferwillen unserem Menschsein nicht gerecht werden, fügen wir diesem Unerfüllten ein weiteres hinzu, das als Karma, als sich noch zu Erfüllendes, verbleibt. Dabei reinkarniert sich dieses nicht als fortwährende Wesenhaftigkeit, sondern schreibt sich als Unerlöstes dem menschlichen Geist als ganzem ein und strukturiert ihn in dieser Weise fürderhin mit. Wird Karma in dieser Weise verstanden, ist seine Lösung keine individuelle Aufgabe, um seiner Seele zur Seligkeit zu verhelfen, vielmehr bedeutet es dann, sich mit der Verantwortung für sich selbst auch verantwortlich für die Menschheit insgesamt zu empfinden.

Mudras, und vor allem urkräftige Mudras, wie sie etwa die sechs Gesten Buddhas sind, helfen uns, die Entfremdung von unserem ureigenen inneren Selbst zu überwinden. Sie werden gewissermaßen in eine höhere Sphäre hineingeformt. Der solcherart von höherer Warte aus gesetzte Impuls regt nicht nur kausale Kräfte an, sondern verbindet sie auch durch die und in der Person, die die Mudra formt. Sie durchdringen zum einen absinkend dichtere Seelenkräfte und körperhafte Energien und regen sie an, im Gleichklang zu schwingen. Zum anderen verknüpfen sie sich aufsteigend mit metaphysischen Kräften, wodurch sich das Transzendente uns mitteilen kann und uns in stiller Schau erfahrbar wird. Dabei bleibt es unerheblich, ob die Mudra aus egozentrischer Sicht oder mystischer Innerlichkeit heraus geformt wird: Der durch ihre Kraft eröffnete Quell fließt. Ob aus ihm allerdings ein mitreißender Strom oder ein müdes Rinnsal wird, liegt an unserer Bereitschaft, uns auch mitreißen zu lassen. Kanalisieren wir nämlich nur die Kraft aus unserer Ichverhaftung heraus, mag sie uns zwar sensationell anmuten, und wir mögen durch sie seelisches und körperliches Wohl empfinden, doch wirkliches Heilsein bleibt uns dann versagt. Letztlich wird es daher nur der unverstellte, ehrliche Blick auf uns selbst sein, der es uns ermöglicht, angestoßene Wandlungen zu erkennen, um uns als Gewandelte erneut der klärenden Wirkung der Mudra anzuvertrauen. In dieser Weise mögen wir uns allmählich zum Heil hin klären, wobei die Mudra uns zum Weg wird, den wir ein ums andere Mal aufnehmen, um ihn vielleicht irgendwann um seiner selbst willen zu beschreiten und nicht seines vorbedachten Zieles wegen.

Die sechs Gesten Buddhas

Die Einbeziehung von Bildwerken in den buddhistischen Kult ist erst gut dreihundert Jahre nach Buddhas Tod belegt. Bis zu diesem Zeitpunkt, so nimmt man an, gab es keine bildhaften Darstellungen des Buddhas. Interessanterweise sind bereits die frühesten Buddhastatuen von anthropormorpher Natur, das heißt sie zeigen nicht den Menschen, sondern das Wesen des Buddhas. Dabei fanden neben den seine transzendente Weisheit bezeugenden Attributen wie Urna, ein prägnanter Punkt zwischen den Augen, oder Ushnisha, ein Schädelwulst im Bereich der Fontanelle, grundlegende Aspekte seiner Lehre symbolische Darstellung in der Gestalt. Diese Versinnbildlichung der Lehre spiegelt sich im wesentlichen in der Körperhaltung und der Gestik der Figur wider. Hierbei sind es prinzipiell sechs Gesten, mit denen Gautama Buddha dargestellt wird. Diese sechs Mudras gelten als von Buddha selbst intiiert.

Dhyanimudra:
die Geste der Meditation

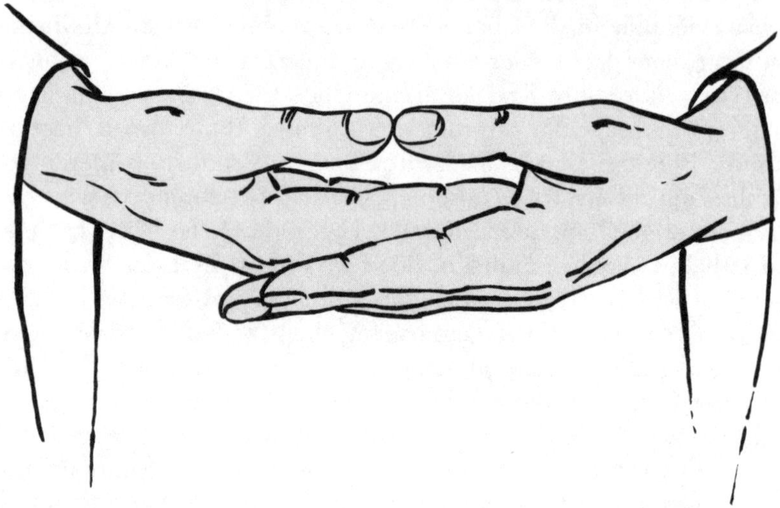

Beschreibung: Die geöffneten Hände werden in gelöster Weise ineinandergelegt. Die Handflächen weisen nach oben. Die rechte Hand liegt in der linken Hand. Die Daumen sind gestreckt. Beide Hände werden so weit zusammengeführt, bis sich die Daumenspitzen leicht berühren. Bei den meisten Darstellungen hält der Buddha diese Mudra in seinem Schoß. Dagegen ziehen es viele Meditierende vor, diese Mudra in Nabelhöhe zu formen, was eine konzentriertere Haltung und eine dementsprechende Selbstdisziplinierung erfordert.

Wirkweise: Diese Mudra soll Buddha geformt haben, als er nach Jahren fruchtloser Askese unter einem Feigenbaum Platz nahm, um zu meditieren. In tiefer Versenkung blieb er so vier Wochen sitzen, ohne sich auch nur einmal zu erheben. Dabei war er den höllischen Versuchungen des Weltenfürsten Mara ausgesetzt, die er jedoch durch sein Widerstehen als Illusionen erkennen konnte. Nach der vierten Woche durchschaute Buddha schließlich während dreier Nachtwachen den karmischen Kreislauf, wurde sich seiner eigenen Verkörperungen bewußt und erkannte die Ursachen allen Leidens. Daraufhin wurde ihm die höchste Erleuchtung zuteil. Noch weitere vier Wochen verharrte der Erleuchtete danach unter dem Bodhibaum, bis er sich aufmachte, seine Erkenntnis zu lehren. Die Erhellung der ihn versuchenden Kräfte als Illusion und das Durchbrechen des Karmas ist im »Dhammapadam«, dem weitverbreitetsten buddhistischen Weisheitsbuch, mit den folgenden Worten Buddhas wiedergegeben:

> »Den Kreislauf vieler Geburten
> habe ich ruhelos durchlaufen,
> den Bildner des Hauses suchend;
> qualvoll ist die ewige Wiedergeburt.
> Nun bist du erschaut, Bildner des Hauses,
> kein Haus du mehr bauen wirst;
> denn gebrochen sind deine Balken,
> und des Hauses Dach vernichtet,
> das Herz, frei geworden,
> hat alle Begierden getilgt.«

Die Meditationsgeste selbst bewirkt sicherlich keine Erleuchtung. Sie ist aber eine klare Form von Entspannung und geistiger Gelöstheit. Die in dieser Weise gehaltenen Hände signalisieren gleichermaßen innere Schau und aufmerksame Bereitschaft für äußere Ansprache. Die innere Sicht vollzieht sich mittels der im linken Handchakra ruhenden Finger der rechten Hand, denn im linken Handchakra wirken tiefgründige emotionale Kräfte, die über die bewußter geführten Finger der rechten Hand lesbar werden. Die nach oben geöffnete rechte Hand ist ein Zeichen aufmerksamer Hingabe. Äußeres, uns Umhüllendes und auf uns Einwirkendes wird ohne Auswahl und ungewägt geschaut. Die sich berührenden Daumenspitzen hingegen bewirken eine gelöste Sammlung, einen passiven Zustand des Hierseins. In ihm erleben wir fernab jeder Selbstbezogenheit Wahrnehmung, Austausch und Begegnung als etwas uns Widerfahrendes, aber uns nicht Übermannendes.

Bhumisparshamudra: die Geste der Zeugenanrufung

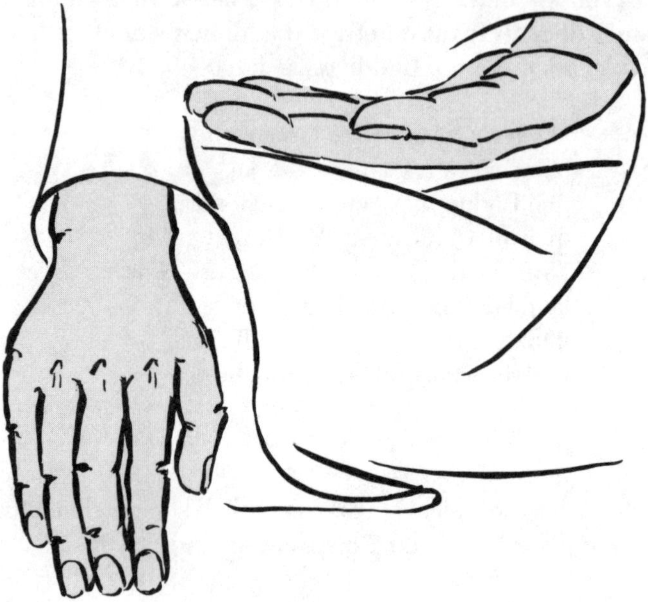

Beschreibung: Die rechte Hand berührt mit den Fingerspitzen den Boden. Die Handfläche weist zum Körper hin. Die linke Hand ruht gelöst mit der Handfläche nach oben im Schoß.

Wirkweise: Während seiner Meditation unter dem Bodhibaum wurde Buddha vom Versucher Mara, nachdem dessen Schrecklichkeiten an ihm abprallten, weiter bedrängt. Mara versuchte Buddha mit königlicher Herrschaft zu locken und sandte seine Töchter Lust, Sehnsucht und Begierde aus, um ihn zu verführen. Als Buddha auch diesem Ansturm widerstand, bestritt Mara ihm das Recht, als ein der Welt Entrückter überhaupt auf Erden zu weilen. Daraufhin berief sich Buddha auf alle Opfer, die er in seinen früheren Inkarnationen gebracht hatte, und führte die *Bhumisparshamudra* aus, um die Erde als Zeugin anzurufen und seinen Platz unter dem Feigenbaum zu behaupten. Daraufhin stieg die Erdgottheit auf und bezeugte das Recht

Buddhas, seine Lehre auf Erden zu verkünden. Und so konnte Buddha auch den letzten Angriffen Maras widerstehen und sich bis zur höchsten Erleuchtung wandeln. Seine Widerstandsfähigkeit gegen die Mächte der Finsternis bekundete er mit den Worten: »Und wenn die ganze Welt voll Teufel wäre und jeder einen Weltberg als Waffe hätte, so vermöchten sie doch alle nicht, mir ein Haar zu krümmen, geschweige denn mich tödlich zu treffen.«

Diese Mudra ist bei aller Gelöstheit auch eine Geste der Entschiedenheit. Die Geste, bei der in der Darstellung meist nur die drei mittleren Finger den Erdboden berühren, ist zum einen ein Zeichen physischer Präsenz und bewirkt zum anderen einen illusionslosen und ungeteilten Blick auf die materielle Welt. In solcher Schau erlebt man die vollkommene Eingebundenheit in die Welt der Dinge, so daß sie einem nicht mehr als ein Erreichendes und zu Erwerbendes erscheint, sondern als ein zu einem hinzugefügtes Seiendes. Wer auf diese Weise die Welt erfaßt, dem wird jede Begierde schal. Die mit dem Rücken nach außen gehaltene Hand ist gleichermaßen eine Schutzgebärde sowie ein Zeichen der Weltabgewandtheit, wobei diese Abwendung keinen asketischen Verzicht, sondern ein in sich All-ein-Sein bedeutet.

Dharmachakramudra: Ingangsetzung des Rades der Lehre

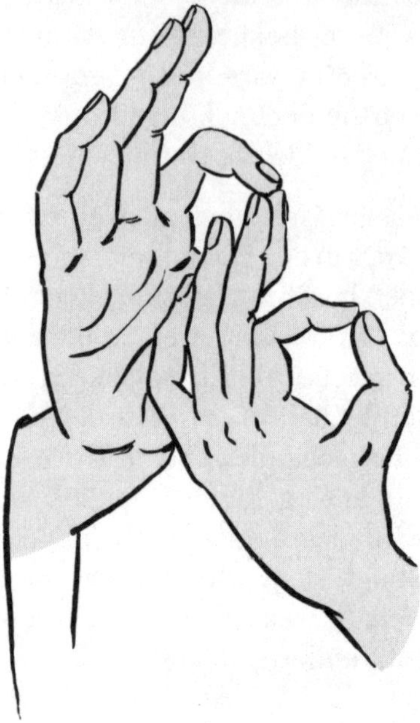

Beschreibung: Mit Daumen und Zeigefinger beider Hände wird ein Rund geformt. Die anderen Finger sind leicht gestreckt. Die rechte Hand wird etwas höher als die linke Hand gehalten. Die Handfläche der rechten Hand weist nach außen, die der linken Hand zum Körper. Die Spitze des leicht gestreckten Mittelfingers der linken Hand wird gegen die zusammengehaltenen Daumen- und Zeigefingerspitzen der rechten Hand gehalten.

Wirkweise: Nachdem Buddha die höchste Erleuchtung widerfuhr, wollte er sich zunächst der Welt versagen, da er es für vergebliche Mühe ansah, der in ihren Illusionen verstrickten Menschheit seine Heilswahrheit zu verkünden. Daraufhin blieb die Welt stehen, und Brahma, der Weltschöpfer, stieg vom Himmel herab, um vor Buddha sein Knie zu beugen und ihn unter Berufung auf sein Mitleid anzuflehen, seine Heilslehre trotz allem zu verkünden. Buddha ließ sich erweichen und verkündete sein »Es geschehe«:

»Geöffnet sei allen das Tor der Ewigkeit!
Wer Ohren hat, höre das Wort und glaube;
vergebliche Mühe zu meiden, habe ich
das edle Wort noch nicht der Welt verkündet.«

Alsdann machte er sich auf in den Gazellenhain von Benares, um dort seinen Jüngern zum ersten Mal zu predigen. Daraufhin erbebte die Erde, alle Geschöpfe waren von Liebe erfüllt, eine Himmelsstimme kündigte an, daß der Vollendete nun das Rad der Heilslehre in Bewegung setzen würde, und Buddha formte die Mudra.

Mit dem Mittelfinger wird in symbolischer Weise das Rad der Lehre in Bewegung gesetzt. Dies versinnbildlicht, wie die lautere Kraft der Wahrheit die subjektiven Einstellungen überwindet. Die gegeneinander gehaltenen Handchakren und die Gleichförmigkeit beider Hände, die zu einer asynchronen Figur geformt sind, verweisen auf die Überwindung der Gegensätzlichkeiten. Diese Gegensätzlichkeiten fügen sich nicht wie etwa beim Yin-Yang-Symbol zu einem sich im Zirkel gegenseitig bedingenden Ganzen, sondern bilden eine Dimension jenseit aller Aufeinanderbezogenheit ab. Feinsinniger mag die Lebenswirklichkeit des Vollendeten nicht dargestellt werden.

Daß das Rad der Lehre sich aus zwei Fingerrundungen zusammensetzt, hat nicht nur einen statischen und dynamischen Aspekt, der dem Moment des Ingangsetzens des Rades inne ist. Vielmehr findet hierdurch auch die Gesetzmäßigkeit der Dharma, einem wesentlichen Element buddhistischer Lehre, ihren symbolischen Ausdruck. Mit Dharma sind Daseinsfaktoren gemeint, die von Augenblick zu Augenblick entstehen und stets neue, gleichwohl aufeinander bezogene Kausalitäten schaffen, die das Wesen von Personen und Dingen ausmachen. In diesem Sinne ist die Mudra ein Zeichen fortgesetzter Wandlung, die aber auch jederzeit die Möglichkeit eines radikalen Neubeginns zuläßt.

Vitarkamudra: die Geste der Lehrdarlegung

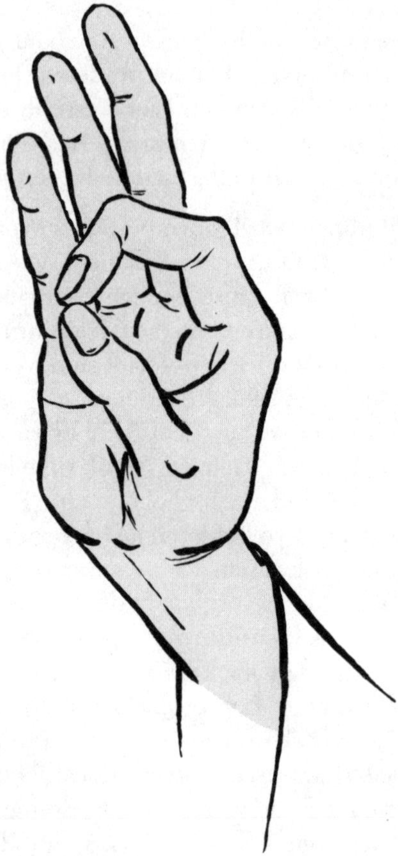

Beschreibung: Daumen und Zeigefingerspitze der rechten Hand berühren sich. Die restlichen Finger sind leicht gestreckt. Die Handfläche weist nach vorne.

Wirkweise: Diese Mudra formte Buddha, als er seinen Jüngern im Hain von Benares die erste Lehrrede hielt. Es sind jene fünf Jünger, die Buddha während seiner Zeit der Askese folgten und sich von ihm

enttäuscht abwandten, als dieser die Sinnlosigkeit der Selbstpeinigung erkannte. In dieser ersten Lehrrede beschreibt er den »edlen achtgliedrigen Pfad« als den mittleren Weg zur Erlösung zwischen den beiden Extremen, nämlich dem Leben in diesseitiger Lust und dem Leben in weltverleugnender Askese: »Dies, ihr Mönche, ist die heilige Wahrheit von dem Wege zur Aufhebung des Leidens: rechter Glaube, rechtes Sichentschließen, rechtes Wort, rechte Tat, rechtes Leben, rechtes Streben, rechtes Gedenken, rechtes Sichversenken.«
Die *Vitarkamudra* ist im Grund genommen eine archetypische Argumentationsgeste, der wir tagtäglich begegnen. Daß wir sie zur Unterstreichung unserer Rede so häufig gebrauchen, liegt an der psychischen Kraft, die durch sie angeregt wird (siehe Daumen-Finger-Ring Seite 54. Konkret fördert sie das Selbstbewußtsein und damit einhergehend den Ausdruck unseres Selbstverständnisses. In gewissem Maße ist es auch eine Indoktrinationsgeste, jedoch unvergleichlich milder als die auf Seite 27 beschriebene Geste. Gleichzeitig vermögen wir durch diese Mudra unsere Konzentrationsfähigkeit zu steigern und unsere Gedanken zu ordnen.

Wird die Hand mit der Vitarkamudra so gehalten, daß die Handfläche zum Boden weist, wandelt sich ihre Bedeutung zur *Chinmudra,* zur Geste des Begreifens. Daumen und Zeigefinger heben dabei in sinnbildlicher Weise ein Körnchen der Wahrheit auf. Diese Mudra wird auch mit zur Brust weisender Handfläche dargestellt. Dadurch soll das Erfassen einer inneren Wahrheit versinnbildlicht werden. In beiden Fällen kommt dabei die Weisheit zum Ausdruck, daß absolute Wahrheit etwas Unteilbares ist und daß, wer ein Körnchen von ihr aufzuheben vermag, zugleich der ganzen Wahrheit teilhaftig wird.

Varadamudra: die Geste der Wunschgewährung

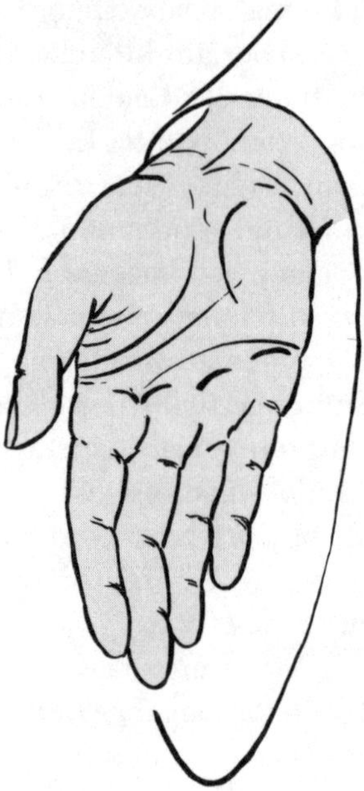

Beschreibung: Die geöffnete rechte Hand wird mit der Handfläche nach vorne und den Fingern nach unten weisend gehalten. Die Finger sind dabei zusammengehalten und leicht gewölbt, als würden sie einen runden Gegenstand unterstützen. Vielfach wird diese Mudra auch beidhändig dargestellt, wobei dann die linke Hand nach oben weist. In diesem Fall wird die sinnverwandte *Abhayamudra* (siehe unten) mit der *Varadamudra* zu einer wirkenden Form verknüpft.

Wirkweise: Durch diese Mudra wird der Buddha dargestellt, der sich aus Mitleid nicht der Welt versagt, sondern sich, obwohl er erlöst ist, in die Welt begibt, um seine Lehre zu verkünden. In diesem Sinne wird diese Mudra auch als Geste der Barmherzigkeit gesehen. Steht indes der Gedanke der Wunschgewährung im Vordergrund der Betrachtung, versinnbildlicht die Mudra das Anliegen Buddhas, allen menschlichen Wesen den Weg zur Erlösung zu offenbaren.

Im Grunde genommen handelt es sich bei dieser Mudra nur um eine eindimensionale Geste, gleichwohl kann sie von bestürzender Kraft sein. Allerdings muß man hierfür in seinem Inneren schon sehr gelöst sein, um von dieser Kraft mitgerissen zu werden. Schließlich handelt es sich um keine überwältigende Kraft, die durch die Varadamudra geweckt wird, sondern um eine allgegenwärtige spirituelle Erscheinung, die allerdings nur dem zur Wirklichkeit wird, der sich ihr duldend öffnet.

Formt man diese Geste nach, mag man der Gelassenheit nachspüren, mit der sich der Buddha offenbarte. Bot er doch seine Heilslehre als ein Geschenk an, das man annehmen oder verwerfen mochte. Gleichzeitig verstand er die durch ihn gelebte Wahrheit als einen Spiegel, in dem sich jeder selbst erkennen durfte. Denn wer seiner Rede wachsam lauschte, konnte sich in der Art und Weise, wie er den Worten des Erleuchteten folgte, unmittelbar selbst erkennen und augenblicklich wandeln. Gelöstheit, Demut und Sich-Zeigen sind daher die Eigenschaften, die durch diese Mudra angesprochen werden.

Abhayamudra: die Geste der Furchtlosigkeit

Beschreibung: Die geöffnete rechte Hand wird entspannt in Brusthöhe nach oben gehalten. Die Handfläche weist nach vorne. Die leicht gestreckten Finger liegen aneinander, der Daumen steht unverkrampft für sich allein.

Wirkweise: Die Wirkweise dieser Mudra wurde bereits ausführlich auf Seite 31 beschrieben. Buddha führte diese vertrauensstärkende und schutzverheißende Geste aus, als sein Vetter Devadatta sich gegen ihn wandte und den Orden spaltete. Um den Meister zu vernichten, hetzte er einen wilden Elefanten auf ihn. Buddha hielt dem wütenden Tier jedoch nur seine erhobene Hand entgegen, worauf es sich augenblicklich beruhigte und handzahm wurde. Daher gilt diese Geste auch als ein Symbol vollkommener Friedfertigkeit. Dem Gläubigen verheißt sie zudem Sicherheit, sobald er sich auf den Pfad der Lehre begibt. Wer zuvor furchtsam und voller Angst war, der soll im Zeichen dieser Mudra hiervon befreit werden und zu einem ursprünglichen Selbstvertrauen zurückfinden.

Heilgesten und Reinigungsmudras

Daß die Wandlung und Befreiung des Geistes durch die Verinnerlichung der Kraft der Mudra kein auf diese Sphäre beschränktes Geschehen bleibt, dürfte eine Erkenntnis sein, die seit dem Moment, da Mudras bewußt geformt wurden, offenkundig war. Schließlich stand die Auffassung von der Mudra als zaubermächtige Geste in direktem Zusammenhang mit der Erfahrung der Heilkraft der Hände. Am greifbarsten wird und wurde das über die aufgelegten und durch streichelnden Hände, durch die wir körperlichen Schmerz und seelische Qual lindern können.

Die Ausformung von Heilmudras dürfte sowohl aus sakralen als auch aus profanen Überlegungen heraus entstanden sein. Bei der profanen Entwicklung von Heilmudras mag man sich von seiner Intuition wie auch vom Vorgehen per Versuch und Irrtum leiten haben lassen. Bei der Schaffung von Heilmudras nach sakralen Gesichtspunkten mag es der erfahrene spirituelle Impuls gewesen sein, der durch die bewirkte geistige Wandlung auch die körperliche und seelische Genesung anregte. Jedenfalls steht die Wirkung urmächtiger Heilgesten in einer engen Verbindung zu kausalen Kräften. Sind doch die Energien, die auf der psychischen und physischen Ebene greifen und Gesundung anstoßen, im wesentlichen lediglich transformierte Kräfte derlei kausalen Ursprungs. Das Geschehen dieses verschiedene Seinssphären durchwirkenden und berührenden Phänomens wird verständlich, sobald man sich mit den Modellen vom Aufbau unserer Aura vertraut macht.

Die Vorstellungen und Sichtweisen Hellsichtiger von Aufbau, Struktur und Farbbedeutung unserer Aura unterscheiden sich je nach deren spiritueller Prägung erheblich und sollen deshalb hier nicht tiefer behandelt werden. Allen Ansichten ist jedoch gemein, daß jeden Menschen ein sphärisches Lichtkleid umgibt, das in mehrere Hüllen geschichtet ist, die ihrerseits Bewußtseins- beziehungsweise Seinsebenen seiner Wesenheit aufzeigen. Dieses Lichtkleid wird als das Feinstoffliche aufgefaßt. Dabei durchwirken sich die feinstofflichen Ebenen bis hin zur grobstofflichen Ebene, sprich unserem Körper, der sozusagen die höchste Verdichtung aller Ebenen respektive deren letzte Emanation darstellt. Dicht am Körper wird die erste feinstoffliche Ebene sichtbar, der sogenannte Ätherleib. Um diesen Ätherleib erkennen zu können, muß man nicht aurasichtig sein. Jeder kann ihn beispielsweise bemerken, sobald er den Schattenriß seiner Hände beobachtet. Als dünner Flimmer, der von einem nebelartigen »Silberhäutchen« umgrenzt wird, dehnt er sich knapp kleinfingerbreit um den Körper aus. Dieser Ätherleib stellt die körperliche Bewußtseinssphäre dar.

Als zweite Sphäre umschließt der Mentalkörper den Ätherleib. Er dehnt sich für gewöhnlich eine Elle weit in den Raum. Von Hellsichtigen wird er sehr farbenprächtig beschrieben. Im Mentalkörper spiegeln sich emotionale und intellektuelle Bewußtseinsregungen. Je nach dem geistigen Standpunkt des Betrachters wird dieser Mentalkörper noch mal in eigenständige Bewußtseinsebenen untergliedert. Der Mentalkörper wird seinerseits vom Kausalkörper umfaßt, der sich in etwa eine Armlänge weit ausdehnt. Von Buddha wird behauptet, daß sich sein Kausalkörper gar mehrere Kilometer weit ausgedehnt habe. In dieser Sphäre offenbart sich für den Hellsichtigen unsere ureigene Wesenhaftigkeit, demgemäß gilt sein Wirkungskreis als Bewußtseinsausdruck unseres höheren Selbst. Über die Begrenzung unseres Kausalkörpers hinaus sind wir imstande, mit dem Transzendenten zu kommunizieren. Ein solcher kommunikativer Prozeß wird als Raumleuchten beschrieben, das den Kausalkörper und den ihn umgebenden Raum illuminiert.

Der durch eine Mudra angeregte kausale Impuls kann sich einerseits über unsere Wesenheit hinaus in die transzendente Sphäre ausbreiten, wodurch uns über unsere Bewußtheit hinaus Anregung widerfährt. Andererseits aber kann der gesetzte Impuls sich auch in die dichteren Sphären unserer Aura fortpflanzen und dort wiederum Kräfte zum Schwingen bringen, die daraufhin auf unsere Psyche und unseren Körper einwirken und dort Wandlungen anstoßen. Inwieweit ein durch eine Mudra ausgelöster Impuls nachhaltige Veränderungen in diesen Bewußtseinssphären bewirkt, liegt zum einen an dessen Mächtigkeit und zum anderen an den dort verfestigten Disharmonien. So kann eine Mudra bereits bei einmaliger Anwendung Linderung herbeiführen. Allerdings kann auch eine kraftvolle Mudra ins Leere greifen, wenn auf der stofflichen Seite aus dem Habitus einer Person heraus massive Gegenimpulse gesetzt werden, so daß das Anzustoßende nicht mitzuschwingen vermag. Hängt doch die Wirksamkeit einer Mudra entscheidend davon ab, ob wir mit unserem Bewußtsein und mit unserem Körper auch den Resonanzboden zur Verfügung stellen, um dem gesetzten Impuls Geltung zu verschaffen. Hierzu zählt sowohl die Bereitschaft mitzuschwingen als auch die Fähigkeit, sich um der angestrebten Harmonie willen der Forderung des angestimmten Tones anzuschmiegen, was möglichenfalls Bewegung, Veränderung und Lösung bedingt.

Von den sakral kreierten Mudras sind es namentlich die Reinigungsmudras, die die größte Wirkung auf Seele und Leib ausüben. Reinigungsmudras stehen im allgemeinen in den verschiedensten Kulten am Beginn einer rituellen Handlung. Auch die Liturgie in unseren Kirchen ist mit solchen symbolischen Reinigungsriten durchsetzt, seien es das Bekreuzigen mit geweihtem Wasser, das Weihräuchern oder die Segensgesten während des Gottesdienstes. Urmächtige Reinigungsmudras finden wir freilich hauptsächlich dort, wo auch der Gebrauch von Mudras im Ritus kulturell verankert ist. Schließlich wurden sie in solchen Gemeinden über Jahrtausende gepflegt, verfeinert und vor allem immer wieder sinnlich erfahren und als spirituelle Wirklichkeit erlebt. Durch die Reinigungsmudras sollte nicht nur der Geist auf das Metaphysischeeingestimmt werden, sondern auch Psyche und Leib sollten geklärt werden, auf daß sich das Jenseitige im Diesseits als gelebte Wirklichkeit offenbaren möge.

Aus diesem Grunde sind die nachstehend vorgestellten Mudras überwiegend ursprünglich sakrale Gesten. Neben ihrer spirituellen Dimension wirken sie unterschiedlich tief auf Körper und Seele ein. Manche Mudras setzen Impulse auf allen drei Ebenen, andere wiederum treffen neben der kausalen Sphäre nur noch in einer weiteren Sphäre auf Resonanz. Diese Diskrepanzen sind durch die kultische Forderung an die Mudra bedingt. Sollten Sie also Verschiedenheiten dieser Art beim Nachformen der Mudras bemerken, so gründen diese nicht auf eventuellen Disharmonien in Ihrer Person, sondern sind einzig und allein in der Komposition der Mudra zu suchen.

Manidharamudra:
Geste des Haltens des Juwels

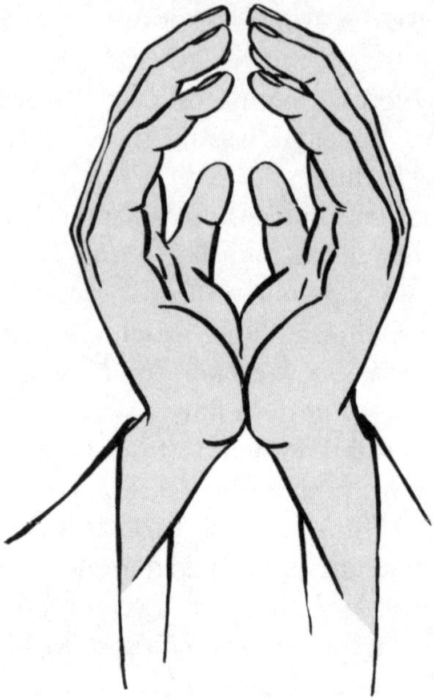

Beschreibung: Beide Hände werden so über der Brust gehalten, als würden sie einen faustgroßen mandelförmigen Gegenstand umschließen. Die Finger sind leicht gespreizt. Die Handballen liegen aneinander, während die Fingerspitzen zwar gegeneinander gehalten werden, sich jedoch nicht berühren sollten. Der Abstand zwischen den Fingerspitzen darf dabei nur wenige Millimeter breit sein.

Wirkweise: Mit dieser Mudra soll der legendäre und wegen seiner unglaublichen Transparenz unsichtbare Juwel Cintamani gehalten werden. Der Symbolgehalt dieses Steines ist mit dem des Grals in unserer Kultur vergleichbar. Es heißt, in ihm seien die sechs Sinne des Menschen gegenwärtig und er entspreche der reinen Seele, wie sie sich im Augenblick der Zeugung darstellt, zu dem sie sich mit der Materie verbindet. So erscheint der Cintamani als der göttliche Funken in uns, und wer ihn in seinen Händen zu bergen versteht, soll eins sein mit dem Universum, und jeder Wunsch soll ihm in Erfüllung gehen. Letztere Vorstellung ist hauptsächlich im Hinduismus und Taoismus verankert. Aus buddhistischer Sicht ist der Juwel vor allem ein Symbol der Reinheit sowie der Wahrheit Buddhas und seiner Lehre.

Dadurch, daß sich die Fingerspitzen nicht berühren, vermag sich zwischen ihnen ein Energiepolster aufzubauen, wie Sie es ähnlich bei der Übung »Energiebällchen« (siehe Seite 77) bereits nachempfinden konnten. Durch dieses Energiepolster wird die mentale Ebene Ihrer Aura geklärt und Ihrer ureigensten, das heißt Ihrer kausalen Wesenheit gemäß restrukturiert. Wie mächtig diese feinstoffliche Einwirkung ist, können Sie schon mit bloßem Auge erkennen, sobald Sie die Mudra vor einem neutralen Hintergrund formen. Beobachten Sie Ihre Fingerspitzen, und Sie werden den Eindruck gewinnen, daß kleine »Waberlohen« dazwischen wehen.

Der psychische Effekt dieser Mudra liegt vor allem darin, daß man ein tief in sich verwurzeltes Urvertrauen in sich selbst und in sein Dasein gewinnt beziehungsweise wiedererweckt. Sie werden sich danach bei aller Einsicht in Ihre Unzulänglichkeiten aus der Tiefe Ihres Herzens heraus bejahen können.

In körperlicher Weise wirkt die Mudra vor allem gegen Kopfschmerzen, insbesondere bei Wetterfühligkeit. Halten Sie dafür die Mudra in der beschriebenen Weise, bis der Kopfschmerz nachläßt. Achten Sie in dieser Zeitspanne allein auf das Energiepolster zwischen Ihren Fingerspitzen, indem Sie den sanften Widerstand, den es Ihnen vermittelt, nicht abreißen lassen.

Aksatamudra, Mudra der Stille

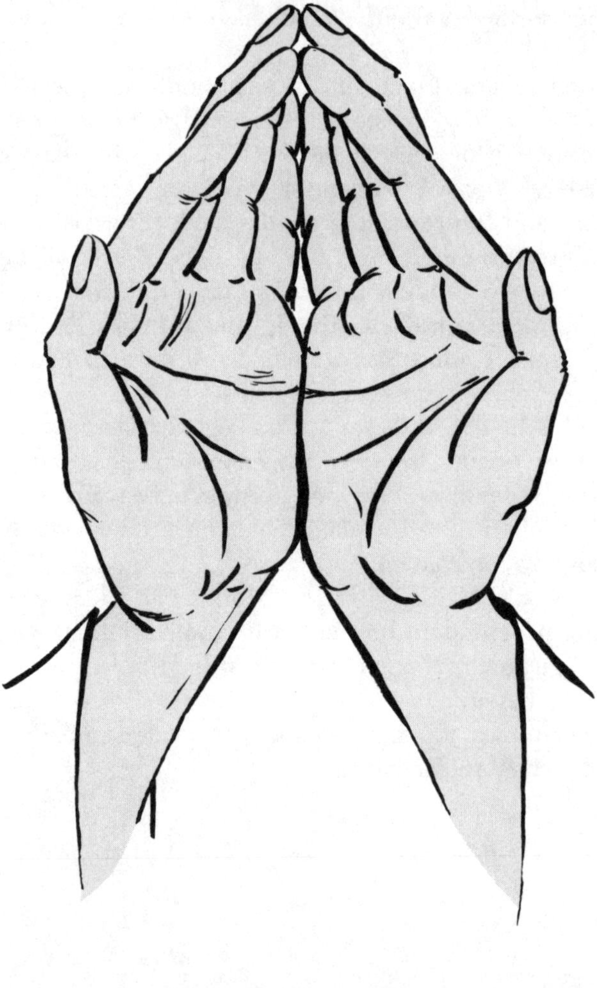

Beschreibung: Die *Mudra der Stille* ähnelt der Geste des Haltens des Juwels. Sie formen sie, indem Sie in Augenhöhe beide Hände flach zusammenlegen. Daraufhin öffnen Sie Ihre Hände nur an der Daumen- und Zeigefingerseite. Die kleinen Finger und die Handkanten halten Sie weiterhin zusammen. Ring-, Mittel- und Zeigefinger berühren sich jeweils mit ihren Fingerkuppen. Blicken Sie in die solchermaßen geöffneten Hände, erscheinen sie Ihnen wie eine herzförmige Schale.

Wirkweise: Die Mudra der Stille ist eine Geste der Sammlung. Durch den Blick in Ihre geöffneten Hände blicken Sie gleichsam in Ihr eigenes Herz. Ihr drittes Auge und damit das Ajnachakra, das sechste Chakra, wird durch die vorgehaltenen Hände spürbar angeregt. Zwischen den unteren Gliedern der kleinen Finger öffnet sich ein kleiner Spalt, durch den Licht dringt. Halten Sie die Mudra gegen eine Lichtquelle, so wirkt dieser Lichtspalt wie ein fernes Versprechen. Lassen Sie sich darauf ein, erfaßt Sie eine Ahnung davon, was Wandlung und Erneuerung für Sie bedeuten könnten. Achten Sie jedoch darauf, diese Sicht nicht durch Nachdenklichkeit einzugrenzen. Lassen Sie sich vielmehr ein auf ein Wechselspiel, in dem Sie sich in Ihre geöffneten Hände versenken. Lösen Sie sich wohlig, ja geradezu kindlich in der dort empfundenen Geborgenheit, und lassen Sie sich aus diesem Hort heraus ansprechen. Beginnen Sie, der sich entwickelnden Zwiesprache zu lauschen, so können Sie auf eine ganz eigene Weise aus Ihrem Innersten nach außen horchen und sich für das, was in Ihr Innerstes hineinstrahlt, öffnen. So erfahren Sie neben Ihrer Gelöstheit eine innere Fülle fernab jeder Dinglichkeit. Weite, Raum und übersinnliche Fülle durch Befreiung vom begrenzten Selbst ist die Verheißung, die Ihnen als imaginierte Wandlung durch diese Mudra faßbar wird.

Diese Mudra befriedet auf rasche Weise das Gemüt. Selbst bei starken Gemütsbewegungen ist sie von durchgreifender Mächtigkeit. Unsere abschweifenden Gedanken kommen zur Ruhe, und eine heilsame Stille breitet sich in uns aus. Aus ihr heraus erlangen wir ein Verständnis, das uns die Dinge nicht nur ihrem Schein nach erkennen läßt, sondern in ihrer eigentlichen Wesenheit. So können wir hinter das uns An- und Eingetragene blicken und die dahinter verborgenen Beweggründe erkennen.

Prana-Apanamudra

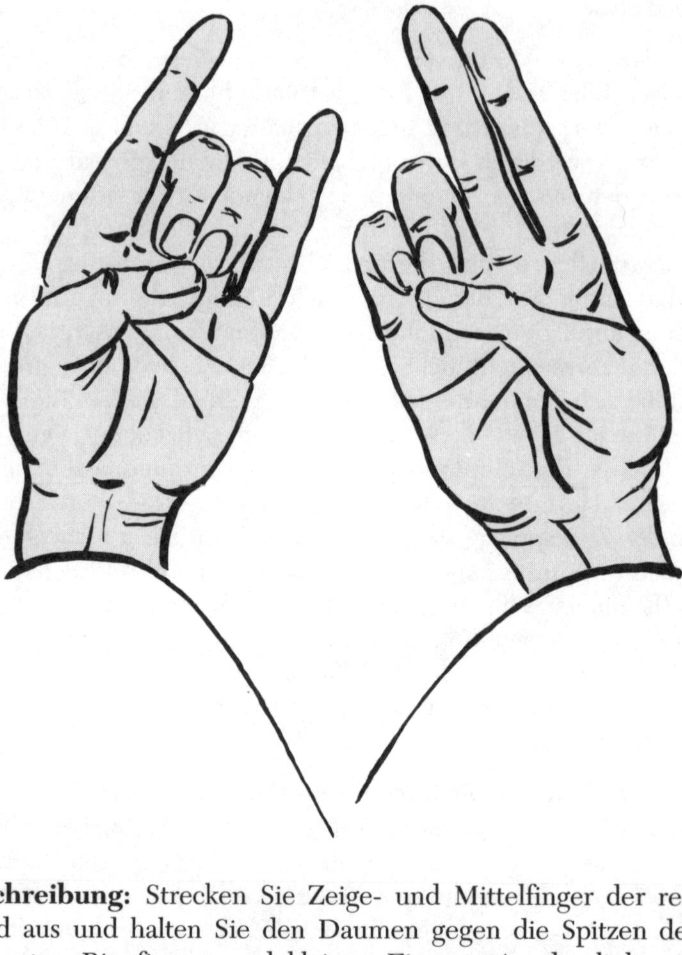

Beschreibung: Strecken Sie Zeige- und Mittelfinger der rechten Hand aus und halten Sie den Daumen gegen die Spitzen des gekrümmten Ringfingers und kleinen Fingers. An der linken Hand strecken Sie Zeige- und kleinen Finger und halten den Daumen gegen Mittel- und Ringfingerspitze. Ihre Oberarme legen Sie gleichzeitig an Ihren Körper an, während Sie Ihre Unterarme waagrecht nach links und rechts wegstrecken. Ihre Handflächen zeigen dabei nach oben.

Wirkweise: Diese Mudra besteht aus zwei verschiedenen Mudras, die Sie gleichzeitig formen. Mit der rechten Hand bilden Sie die *Pranamudra* und mit Ihrer linken die *Apanamudra*. Durch diese Mudras soll der Fluß der Lebenskraft Vayu in Form ihres belebenden Aspektes Prana und ihres ableitenden Aspektes Apana (siehe hierzu Seite 137) angeregt werden. Diesen Energiefluß lenken Sie durch Ihre Atmung.

Setzen Sie sich dazu in eine aufrechte, aber nicht starre Position. Atmen Sie gleichmäßig und bedächtig ein und aus. Stellen Sie sich beim Einatmen vor, wie Lebenskraft über die Pranamudra in Ihren Körper einströmt und über Ihren Körper hinaus Ihre Aura durchdringt. Lassen Sie sich ganz auf dieses Gefühl der Anreicherung und Weiterung ein, können Sie mit Ihrem inneren Auge sehen, wie sich Ihre Aura aufhellt. Zugleich können Sie auf diese Weise auch Schattierungen in Ihrem Lichtkleid wahrnehmen. Bevor Sie ausatmen, halten Sie Ihren Atem kurz an und konzentrieren sich auf diese Schattierungen, die daraufhin an Dichte verlieren. Atmen Sie dann zügig aus. Lenken Sie Ihren Atem in Ihrer Vorstellung über die Apanamudra in Ihrer linken Hand und beobachten Sie zugleich, wie die ausströmende Energie die gelösten Schattierungen in Ihrer Aura mitschwemmt. Behalten Sie die Mudra so lange bei, bis Sie das Gefühl haben, daß sich Ihre Aura geklärt hat beziehungsweise für den Augenblick nicht weiter klären wird.

Der Nachhall der Prana-Apanamudra dringt wesentlich tiefer als bei der weiter oben beschriebenen Mudra des Wohlbefindens (siehe Seite 64), durch die lediglich körperliche Impulse gesetzt werden. Mit der Prana-Apanamudra wirken Sie hingegen auf Ihre Psyche wie auf Ihren Körper gleichermaßen ein. Auf der körperlichen Ebene fließt Ihnen Vitalität zu, während gleichzeitig die Entschlackung angeregt wird. Die Wirkung dieses angestoßenen Prozesses ist mit einer Frühjahrskur vergleichbar. Auf der psychischen Ebene werden vor allem unbestimmte Bedrückungen aufgehellt und von außen aufgezwungene seelische Einschränkungen gelöst. Ihre Problemsicht richtet sich wieder auf Wesentliches, wobei durch eine gewonnene innere Distanz sich eher Lösungsmöglichkeiten anbieten und diese auch klarer eingeschätzt werden können. Darüber hinaus bewirkt die imaginierte Läuterung auch eine spürbare Offenheit gegenüber dem Transzendenten.

Makara-Sadanamudra

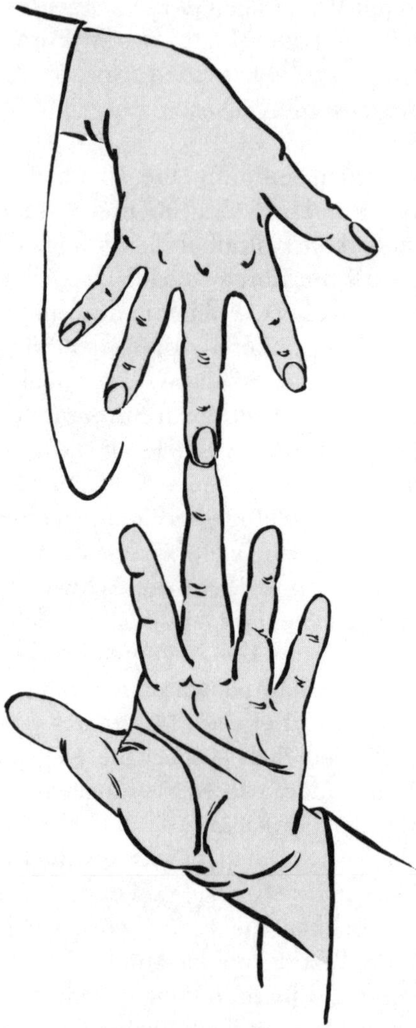

Beschreibung: Bevor Sie die Mudra formen, müssen Sie Ihre Hände abstreifen. Hierzu halten Sie Daumen- und Zeigefingerkuppen der rechten Hand fest zusammen und streichen mit den Spitzen beider

Finger im Uhrzeigersinn um die Handfläche Ihrer linken Hand. Sie setzen dabei am Daumenballen an, führen Daumen und Zeigefinger nach rechts um das Handchakra herum und streifen den Daumen entlang bis zur Daumenspitze. Darauf streifen Sie erneut vom Daumenballen aus durch Ihre Handfläche, führen die Bewegung jedoch weiter bis zu Ihrem Zeigefinger, den Sie nun bis zur Fingerspitze entlang fahren. Noch dreimal wiederholen Sie diesen Vorgang, wobei Sie die Bewegung der Reihe nach bis zum Mittelfinger, Ringfinger und kleinen Finger verlängern und diese Finger gleichfalls bis zur Fingerspitze abstreifen. Anschließend wiederholen Sie die Abfolge in Ihrer rechten Handfläche mit den zusammengehaltenen Spitzen von Daumen und Zeigefinger der linken Hand.

Alsdann dürfen Sie die Mudra formen. Zu diesem Zweck richten Sie Ihre rechte Handfläche zum Körper und die linke Handfläche nach vorne. Spreizen Sie Ihre Hände und drücken die Mittelfingerkuppen so gegeneinander, daß Sie beide Finger an ihrer jeweiligen Hand nach hinten biegen. Nun richten Sie, ohne die Haltung zu lösen, Ihre Hände so aus, daß die Mittelfinger senkrecht zu Ihrer Körpermitte stehen. Die rechte Hand halten Sie dabei zwischen Magen und Nabel und die linke Hand entsprechend tiefer. Der Abstand Ihrer Hände zum Körper sollte ungefähr eine Handbreit sein.

Atmen Sie nunmehr gleichmäßig ein und aus. Sie werden dabei spüren, wie scheinbar ein Kraftstrom in Ihre rechte Handfläche fließt und wie Sie aus Ihrer linken Hand Kraft abstrahlen. Halten Sie die Mudra so lange, bis der Zufluß in die rechte Hand nachläßt.

Wirkweise: Mit der *Makara-Sadanamudra* leiten buddhistische Priester auf Bali ihr Morgenritual ein. Dementsprechend wirkt diese Mudra gleich einem Bad in einer Quelle erfrischend und kräftigend. Über Ihre rechte Handfläche sondieren Sie gewissermaßen die Chakrenkräfte, die über das Abstreifen der Hände angeregt wurden. Über die linke Hand leiten Sie verbrauchte Energien ab. Durch die zusammengehaltenen Mittelfinger, die eine übergeordnete nüchterne Kraft repräsentieren, bleibt dieser Energiefluß kontrolliert. Hierdurch werden Ihre lauteren Kräfte gefestigt und aufgebaut.

Durch diese Mudra setzen Sie neben dem kausalen Moment überwiegend psychische Impulse. Sie erleichtern Ihr Gemüt und kehren Ihre

Stärken hervor, Bedrückungen verblassen und Ihr Selbstvertrauen erhält Mächtigkeit. Dennoch kommt es dabei zu keinem eitlen Übergewicht. Vielmehr bewirkt die Mudra ein angenehmes Gleichgewicht zwischen selbstbewußter Präsenz und natürlicher Zurückhaltung. Eins mit sich und zugleich ein Mensch unter Menschen sein zu können, ist die Einsicht, die sich durch diese Mudra vermittelt.

Gelegentlich kann es vorkommen, daß der der rechten Hand zufließende Kraftstrom nicht abklingt. Die Gründe hierfür sind meist in einer zu großen Anspannung oder einer besonderen Feinfühligkeit zu suchen. In einem solchen Fall beenden Sie die Mudra, sobald Sie das Gefühl haben, daß sich ein gleichbleibender Energiefluß eingestellt hat.

Fudomudra, flammende Mudra

Beschreibung: Mit Mittel- und Ringfinger umschließen Sie an beiden Händen fest das obere Daumenglied. Strecken Sie alsdann die Zeigefinger und krümmen Sie die kleinen Finger, indem Sie versuchen, das mittlere Gelenk des Ringfingers zu umfassen. Führen Sie nun beide Hände zusammen, so daß sie sich mit den Zeigefingerspitzen und den mittleren Gliedern der kleinen Finger berühren. Die Handrücken weisen nach vorne.

Wirkweise: Diese Mudra ist im Shingon eine Station in einem Ritual, bei dem sich der Priester mit der Gottheit Fudo identifiziert. Diese Gottheit gilt als der Buddha, der dem Gläubigen die Kraft verleiht, sich dem Bösen zu widersetzen. Gleichzeitig gilt Fudo als Anwalt der toten Seelen, der ihre guten Taten hervorhebt, damit diese bei der Entscheidung über den Status ihrer Wiedergeburt entsprechend berücksichtigt werden. Durch die Mudra, die den Flammenkreis versinnbildlicht, von dem Fudo umgeben ist, vollzieht der Priester eine Reinigung seines gesamten Wesens.

Bei dieser Mudra halten sich Aktivität und Passivität die Waage. Daher vermittelt sie eine gewisse Spannung, die sich als Wärmegefühl dem gesamten Körper mitteilt. Sie bewirkt einerseits durch die umschlossenen Daumenspitzen eine demutsvolle Haltung gegenüber einem spirituellen Einfluß, andererseits ist sie durch die aufgerichteten Zeigefinger auch von fordernder und zielgerichteter Art. Nicht irgendeine geistige Wandlung soll uns erfassen, sondern klärende Selbsterkenntnis wird angestrebt, die sich als gültige Einsicht in unserer Psyche verankert. Somit versinnbildlicht die Mudra ein Wahrheitsstreben, dessen Erfüllung sich als Kernüberzeugung in unser Wesen einschreiben soll. Hierdurch entsteht auch das aktive Moment der Fudomudra, das sich als bewußte innere Schau darstellt, in der das erkannte Selbst ein ums andere Mal verworfen wird, bis es restlos geklärt erscheint. Solcherart gereinigt, erkennen wir in ihm unsere eigentliche Wesenhaftigkeit. Dieses Geschehen teilt sich uns in sinnlicher Weise dadurch mit, daß durch die Mudra ein Punkt im Nacken unterhalb des Atlas, des ersten Halswirbels, angeregt wird und dieser Punkt mit unserem Vishuddachakra, dem Kehlkopfchakra, korrespondiert. Dieser Punkt im Nacken ist nach hinduistischer Vorstellung das Marma – so werden besondere feinstoffliche Vitalpunkte bezeichnet –, durch das die Seele in den Körper tritt.

Der Impuls dieser Mudra regt die mentale Sphäre in grundsätzlicher Weise an. Hierdurch werden wir in die Lage versetzt, festgefügte Seelenmuster zu erkennen und zu lösen, die uns auf Forderungen und Ereignisse häufig nur einschichtig und vorhersehbar reagieren lassen. Mittelbar knüpfen wir daher durch diese Mudra an eine ursprüngliche Kreativität an, durch deren Eigengesetzlichkeit wir zwar an Lauterkeit gewinnen, gleichzeitig aber auch etwas von unserer *Handsamkeit* verlieren. In weniger tiefgreifender Weise wirkt die Fudomudra klärend auf das Gemüt und stärkt unsere Selbstzufriedenheit dahingehend, daß wir uns mit unseren Licht- und Schattenseiten ehrlichen Herzens annehmen können.

Im allgemeinen wird die Fudomudra mit nach oben weisenden Zeigefingern vor dem Herzen geformt. Halten Sie sie hingegen so, daß die Zeigefinger waagrecht nach vorne gerichtet sind, wirkt die Mudra als kraftvolle Abwehrgeste, durch die Sie einen schützenden magischen Kreis gegen ungute Kräfte um sich ziehen.

Apana-Vayumudra

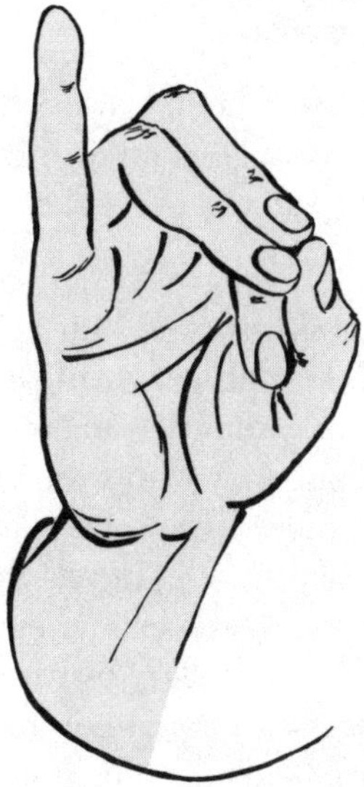

Beschreibung: Sie knicken den Zeigefinger am mittleren Knöchel ab und halten ihn möglichst tief gegen den Daumenballen. Mit dem Daumen umfassen Sie das mittlere Zeigefingerglied, und mit den Fingerkuppen von Mittel- und Ringfinger berühren Sie die Daumenspitze. Den kleinen Finger strecken Sie senkrecht nach oben. Diese Mudra wird beidhändig geformt.

Wirkweise: Durch die *Apana-Vayumudra,* die auch *Lebensretter* genannt wird, soll die reine Lebensenergie Vayu (siehe Seite 137) direkt dem Körper zufließen und gestaute verbrauchte Kraft verdrängen. Dies wirkt in ungewöhnlicher Weise belebend und aufbauend. Dadurch, daß das reinigende Geschehen nicht durch Ableitung oder Läuterung, sondern durch Verdrängung ausgelöst wird, ist dieses Siegel eine sehr gewaltige Heilmudra. Formen Sie die Mudra nach, werden Sie beinahe augenblicklich das Empfinden haben, daß ein starker Kraftstrom von oben über Nacken, Fontanelle und Nase in Ihren Körper strömt. Gleichzeitig fühlen Sie sich in ungewöhnlicher Weise geerdet, denn über Ihre Beine und Füße scheint ein ebenso mächtiger

Energiefluß in den Boden zu fluten; es ist, als würden Sie Wurzeln schlagen. Die zuströmende Kraft wird Ihnen dabei warm und die abfließende Kraft kalt vorkommen.

Wegen ihrer intensiven körperlichen Wirkung sollte diese Mudra auch nur bei akuten Beschwerden geformt werden. Nur mit der linken Hand geformt, vermittelt sie vor allem bei Herzbeschwerden stärkende Impulse.

In ihrer Gestalt versinnbildlicht die Mudra durch den verborgenen Zeigefinger einen Prozeß körperlicher Auf-sich-Bezogenheit, wie wir ihn beispielsweise erfahren, wenn wir uns im warmen Bett schlafend einrollen. Gleichzeitig erlauben wir unserer Vitalkraft, sich ihrer ureigenen Gesetzlichkeit zu fügen, was einer körperhaften Meditation gleichkommt, durch die sich unsere Physis ihrer eigenen Intelligenz bewußt wird. Dieses Moment wird vornehmlich durch die zusammengehaltenen Fingerspitzen angestoßen, während der aufrechte kleine Finger für ein bewußtes Lauschen über unseren Verstand hinaus steht. Mögen dabei unsere Gedanken auch in sich selbst kreisen, mit einem Auge sehen wir ihnen unbeteiligt zu. Dementsprechend rückt auch der Lärm unseres Denkens vor unserem inneren Ohr in den Hintergrund, vor dem wir den unverfälschten Ton heilsamer Wirklichkeit vernehmen; es ist ein Gewahrwerden eigener Beschränkung bei gleichzeitiger Einsicht in ein Heilsversprechen.

Formende Prinzipien der Mudras

Wollte man einen Katalog aller bekannten und tradierten Mudras erstellen, müßte man einige hundert derselben zusammentragen. Freilich wäre der Nutzen eines solchen Kataloges äußerst fragwürdig, schließlich sind viele Mudras nur aus der Kenntnis ihres kulturellen und rituellen Hintergrundes heraus zu verstehen. So etwa die Bhumisparshamudra, die Erdberührungsgeste Buddhas (siehe Seite 94), die in ihrer unauffälligen Gestalt dem nicht eingeweihten Betrachter eher nichtssagend erscheint. Würde ein Uneingeweihter diese Mudra dennoch nachformen, würden durch sie zwar gleichwertige Impulse gesetzt, gleichwohl wäre ihre Auswirkung für den Ausführenden von anderer Art, als sie einem Initiierten widerfahren würde. Denn für die Wirkung einer Mudra ist nicht nur der Impuls maßgeblich, sondern auch der Raum, in dem sie Widerhall finden soll, und der ist überwiegend von geistiger Art. Das bedeutet, daß wir uns erst durch Vermittlung und Verständnis von Ursprung und Zielsetzung solcher Mudras ihrem Impuls öffnen und ihn in entsprechender Weise lenken können. Andernfalls wäre die Wirkung der Mudra nur von mechanischer Art. So mag uns als Uneingeweihte im Fall der Bhumisparshamudra zwar eine unbestimmt chthonische Ahnung anwandeln, die wir als gelöste Verbindung mit der Natur interpretieren könnten. Keinesfalls aber würden wir etwas von ihrer spirituellen Kraft, etwas von der durch sie versinnbildlichten ichfernen Hierseinsbekundung Buddhas erahnen.

Neben solchen Mudras, deren Wirkweise nur aus ihrem kultischen Verständnis heraus reproduzierbar ist, gibt es auch eine kaum überschaubare Anzahl von Handhaltungen, die trotz gleicher Ausformung unterschiedlich interpretiert werden und dementsprechend differierende Zielsetzungen haben. Die erwähnte Vitarkamudra, die Lehrgeste Buddhas (siehe Seite 98), wäre hierfür exemplarisch; mal ist sie eine simple Unterstreichungsgeste bei freier Rede, mal ist sie Symbol für höchste Weisheit. Solch unterschiedliche Wirkungsweisen sind jedoch kein Widerspruch, der den Wert einer Mudra mindert. Sie sind lediglich ein erfahrbares Geschehen, das die Notwendigkeit bestätigt, neben der Handhaltung auch den Raum zu determinieren, in dem die Geste Entfaltung finden soll. Durch dieserart gegebene Räume vermag der gleiche Impuls in unterschiedliche Richtungen gelenkt werden, wodurch dem feinstofflichen Geschehen in entsprechender Weise verschiedene Gestaltung widerfährt.

Freilich ist die mögliche Wirkung ebenso wie die vorgebbare Richtung einer Mudra keineswegs beliebig. Denn der feinstoffliche Raum und die Mudra bedingen einander. So kann zum einen die Mudra in einen erahnten Raum hineingeformt werden, wodurch sich dieser dem Suchenden erschließt; ebenso kann aber auch der Raum durch die Mudra in vorbedachter Weise Gestalt erfahren. In beiden Fällen gleicht sich das Wirkungsfeld der Mudra, mag es auch einmal weiter und einmal enger umrissen sein. So ist etwa die Wirkung der Vitarkamudra grundsätzlich von kognitiver, das heißt erkenntnismäßiger Art. Wie tiefgreifend das durch sie ausgelöste Geschehen sein kann, ob es Einsicht in eine letzte Wahrheit vermittelt oder lediglich unsere Konzentration auf einen bestimmten Punkt lenkt, bedingen wir im Vorfeld durch unser Wissen und Wollen wie durch unser Einfühlungs- und Hingabevermögen.

Die Vielzahl der Mudras und ihre jeweiligen Bedeutungsunterschiede erschweren somit ihre generelle Vermittlung. So wäre, wie bereits angedeutet, der Nutzer eines umfassenden Mudrakataloges überfordert. Die große Zahl und Differenziertheit der aufzulistenden Mudras würde es ihm kaum erlauben, eine Auswahl in seinem Sinne treffen zu können beziehungsweise eine ihm genügende Interpretation des Raumes auszuloten. Ebensowenig würde dem Vermittelnden die Absicht gelingen, allein durch die Beschreibung aller wirkenden Aspekte und allegorischen Inhalte diverser Mudras das wirkende Prinzip ihrer Gestalt zu erhellen. Folglich beschränkte sich die Vermittlung von Mudras bislang auf monographische Darstellungen, die einen speziellen kulturellen Hintergrund und eine darauf bezogene überschaubare Anzahl von Handhaltungen abhandeln. Solche thematisch begrenzte Darlegungen regen jedoch nur selten zu einer Adaption außerhalb des übermittelten Rahmens an beziehungsweise können diese kaum sachgerecht ermöglichen. Diese Einschränkung gilt freilich nur so lange, wie die wirkenden Prinzipien der Mudras verborgen bleiben. Weiß man indes um diese Prinzipien, erhellt sich auch der Wirkungskreis der Mudras, beziehungsweise werden einem jene Räume vertraut, in die sie hineinwirken und sich hineinformen lassen. So habe ich beispielsweise in Kenntnis dieser Prinzipien so manche Mudra für meine wie für die Bedürfnisse anderer eigens kreiert, um später in einer mir bis dahin noch unbekannten Schrift ebendiese Mudra zu entdecken. Das Erstaunliche an solch nachträglichem Fund war aber nicht die Gleichförmigkeit der Geste, sondern die Gleichartigkeit der beschriebenen und von mir zuvor bedachten Wirkweise.

Um folglich eine Mudra seinen Bedürfnissen gemäß auswählen beziehungsweise formen zu können, sollte man um die nachstehenden Grundlagen wissen, die ihr ihre wirkende Gestalt verleihen. Sie sind das Gerüst, durch das uns Wirkweise und Raum der Mudra faßbar und vertraut werden. Diese hintergründigen Prinzipien, die sich nicht von einer natürlichen oder archaischen Gestik ableiten lassen, liefern die eigentliche Antwort auf die Frage, wie es möglich sein kann, daß allein durch gewisse Handhaltungen sich unsere Stimmung verändert, uns womöglich spirituelle Einsicht widerfährt oder wir gesundheitliche Stabilisation bewirken beziehungsweise unsere Genesung forcieren können. Wissen wir um diese dahinterstehenden wirkenden Prinzipien, werden wir zu Eingeweihten, die mit ihren Händen und insbesondere über ihre Finger verschieden transformierte Körper- und Seelenkräfte in vielfältiger Weise miteinander verbinden respektive zueinander in Beziehung setzen können, um hierdurch gewollten Gleichklang oder Anstoß zu bewirken.

Wie bereits im Abschnitt »Die innere Kraft der Mudras« erwähnt, wird in Verbindung mit offensichtlich immateriellen Wirkweisen und Wirkungszusammenhängen gemeinhin von Kraft respektive Energie gesprochen; bei der Darlegung der Wirksamkeit von Mudras ist das nicht anders. Gleichwohl gibt es, wie Sie durch die vorangegangenen Übungen selbst nachvollziehen konnten, verschiedene energetische Ebenen beziehungsweise energetische Ausformungen, die durch Mudras angesprochen werden oder auf die durch sie Zugriff genommen wird. Dennoch bleibt die Verwendung der Begriffe Kraft und Energie nur eine vage Umschreibung der Wirkkräfte, die durch eine Mudra aktiviert werden, die aber letztendlich nicht definiert werden können. Insofern beruht die Anwendung wie die Komposition von Mudras wie so viele Therapien, die sich im Grenzbereich unserer rationalen Auffassung bewegen, auf empirischen Erkenntnissen. Nichtdestotrotz kann uns ein differenziertes Verständnis von Energie bei der Übernahme und Adaption von Mudras leiten.

Energetische Verfahren verschiedenster Art gelten in der Heilkunde längst als Standard und werden nicht mehr hinterfragt. Hierzu zählen nicht nur EEG oder EKG und andere Verfahren, bei denen somatische Ströme gemessen werden, sondern ebenso heilmagnetische Behandlungen wie etwa bei Knochenbrüchen oder elektrische Reiztherapien in der Schmerzbehandlung, bei denen der Körper diversen Energiefeldern ausgesetzt wird. Neben solchen anerkannten, weil meßbaren somatischen Kräften gibt es ein gewisses Spektrum akzeptierter Energiemodelle, beispielsweise das der chinesischen Medizin, mit denen sich vor allem naturheilkundliche Mediziner auseinandersetzten. Darüber hinaus existiert das weite Gebiet obskurer Energiemodelle, zu denen im Prinzip all jenes zu zählen ist, was sich auf feinstoffliche und auf spirituelle Energien bezieht. In diesem Sinne sind die wirkenden Kräfte der Mudras den letzten beiden Kategorien zuzuordnen und können in diesem Zusammenhang folgendermaßen qualifiziert werden:

- Körperliche Mudras, unbewußte Ebene: Meridiane und Prinzipien der ayurvedischen und chinesischen Medizin.
- Mentale Mudras, bewußte Ebene: Prinzipien der Handlesekunst (hier: Cheirosophie); Körperchakren.
- Kausale und spirituelle Mudras, transzendente Ebene: Cheirosophie; Prinzipien des esoterischen Buddhismus.

Auf diesen Kräften und ihrem Zusammenwirken fußen die Prinzipien der Mudras. Diese grundlegenden Energiemodelle samt ihren wechselseitigen Bezugspunkten werden in einzelnen Abschnitten im Anschluß an diese Betrachtung dargelegt.

Beachtenswert an den für die Komposition von Mudras in Frage kommenden aufgelisteten Energiemodellen ist deren Bipolarität, die ihren energetischen Prinzipien jeweils zugrunde liegt. In der chinesischen Medizin sind es die Yin- und Yangkräfte, in der Cheirosophie ist es das Wechselspiel zwischen Geist und dinglichem Ausdruck, bei den Chakren ist es die Polarität zwischen den Shiva- und Shaktikräften, und im esoterischen Buddhismus bedingen sich Garbha-Dhatu und

Vajra-Dhatu wechselseitig. Auf die Bedeutung dieser verschiedenen bipolaren Kräfte wird weiter unten in Verbindung mit den Grundlagen der jeweiligen Gruppe von Mudras eingegangen. Den Vorstellungen vom Wechselspiel aufeinander bezogener Kräfte ist indes unabhängig von ihrer kulturell bedingten Verschiedenartigkeit gemeinsam, daß sie allesamt ein höheres geistiges beziehungsweise energetisches Prinzip annehmen, aus dem sich zwar diese Kräfte ableiten, in dem aber die sie bedingenden Gegensätze aufgehoben sind. Das bedeutet mit anderen Worten, daß die energetische Polarität aus dem Geist der Schöpfung entstand. Und dieser Geist wirkt in der sich ausformenden Welt dahingehend fort, daß er im Moment des energetischen Ausgleichs eine erhaltende, in Momenten der Disharmonie jedoch eine verändernde und somit wiederum schöpferische Kraft darstellt. Diese Gesetzmäßigkeit läßt sich auf die energetische Wirkweise der Mudras übertragen. Zwar strebt man mit Mudras einen Zustand der Ausgeglichenheit auf verschiedenen Ebenen an, doch ist Disharmonie gerade die Eigenart dieses Strebens, soll sie doch durch entgegengerichtete, mittels Mudras gesetzte Impulse überwunden werden. Daher ist eine Mudra nicht nur eine Geste des Ausgleichs, sondern immer auch eine Hinwendung an den die Kräfte tragenden Raum oder Geist. Damit sind Mudras also gleichermaßen Schlüssel zur schöpferischen Wandlung wie auch Siegel himmlischer Harmonie. Entsprechend dieser Auffassung mag man Mudras als Medien der Energiepflege betrachten, die im Grunde genommen wie die Pflege unseres Körpers, unserer Seele und unseres Geistes fortwährende und wesentliche Forderung des Lebens an uns ist, wobei eine so verstandene Energiepflege gleich dem zuvor zitierten schöpferischen Element das verbindende und tragende Moment der Lebensführung ausmacht.

Mudras auf cheirosophischer Grundlage

Obwohl Mudras auf cheirosophischer Basis eine energetische Ebene höher ansetzen als jene auf Grundlage der ayurvedischen und chinesischen Medizin entwickelten, seien sie hier vorangestellt. Dies vor allem deshalb, weil hierdurch die Aufeinander-Bezogenheit der verschiedenen energetischen Prinzipien respektive ihre gegenseitige

Ergänzung eindringlicher dargestellt werden kann. Schließlich stehen cheirosophische Mudras von ihrem energetischen Aspekt her in enger Verbindung mit Chakrenmudras und diese wiederum in enger Beziehung zu Mudras, die nach Prämissen der ayurvedischen Medizin geformt werden. Dieses energetische Konzept bedingt folglich auch die Reihenfolge, in der die Strukturen der Mudras besprochen werden.

Unter Cheirosophie wird, wie im Zusammenhang mit dem Handchakra bereits erwähnt, die Betrachtung des Menschenbildes in der Form und den Linien der Hände verstanden. Dabei geht der kundige Handleser davon aus, daß sich das Ganze auch in seinen einzelnen Gliedern offenbart, wobei die Hand neben dem Hirn den den Menschen ausmachenden und prägenden Faktor seines eigentlichen Menschseins darstellt. Infolgedessen ist die Hand das Instrument, an dem man die gewollte Verbindung von Geist und Wesen, nämlich Wesenhaftigkeit und Seelenausdruck, am klarsten erkennen kann. Die verschiedenen Charaktere der Hand werden hierzu einer Deutung unterzogen. Dabei sind die einzelnen Merkmale durch jahrtausendelange empirische Beobachtungen determiniert. Für die Ausformung von Mudras muß man indes nicht als Handleser beschlagen sein, es genügt, wenn man um die nachstehende cheirosophische Bedeutung der Finger weiß.

- Der *Daumen* gilt danach als Verkörperung des ursprünglichen Lebenswillens. In ihm wirken unbewußte und triebhafte Kräfte der Selbstbehauptung und Selbstdarstellung. Er wird als Sensor unseres unmittelbaren emotionalen Erlebens betrachtet. Insofern ruht in ihm auch eine unverbildete intuitive Sensitivität, die weder als bedrohlich noch als bedrückend empfunden wird, sondern sich als lichte und natürliche Intelligenz mitteilt. Sie ist dem gleichzusetzen, was wir gemeinhin mit Verständnis des Herzens oder Handeln aus dem Bauch heraus umschreiben.
- Im *Zeigefinger* fließen vornehmlich ich-stärkende Kräfte. Durchsetzungswille und Durchsetzungsfähigkeit sind seine wesentlichen Merkmale. Eigensinn und damit verbundenes Subjektivitätsempfinden formen sich in ihm. Wobei ein Zuwenig davon ich-schwache, verhuschte Persönlichkeiten ausmacht, ein Zuviel hingegen die egozentrische und eigensüchtige Person prägt. Unsere Einstellung und unser

Wirken beschränken sich hier auf das Überschaubare, wobei persönliche Nützlichkeitserwägungen vorangestellt werden. Das kommunikative Moment in diesem Finger unterliegt dem Aspekt der Selbstverwirklichung, bestenfalls dem der Selbsterkenntnis, schlechtestenfalls aber einem egomanischen Sendungsbewußtsein.

- Die Kräfte des *Mittelfingers* sind verantwortlich für eine sachliche, objektive Weltsicht. Hier offenbart sich die Auseinandersetzung zwischen dem Innen und dem Außen, wobei die uns von außen angetragenen Momente Auslöser für unser Einschätzungsvermögen und unsere Urteilsfähigkeit sind. Wie diese Auseinandersetzung jedoch geführt wird, hängt davon ab, was wir der an uns gerichteten Forderung entgegenzusetzen vermögen. Die Spanne reicht hierbei von unterwürfiger Anpassung über Erkenntniswillen bis hin zum überpersönlichen, verantwortungsbewußten Gestaltungswillen. Das kommunikative Moment bleibt dem Dinglichen und Allgemeinen verhaftet. Konzentrationsgabe und Selbstbestimmung sind weitere in diesem Finger geborgene Aspekte.
- Die im *Ringfinger* wirkenden Kräfte sind überwiegend kommunikativer und kreativer Art. Subjektive und objektive Kräfte treten dabei in den Hintergrund zugunsten eines kollektiven und ausgleichenden Wirkens. Daher liegt es nahe, daß Eigenschaften wie Liebesfähigkeit, Sexualität, Partnerschaftlichkeit und Sozialempfinden durch diesen Finger repräsentiert werden. Andererseits begünstigt das kreative Moment Wesenszüge mit großer Spannweite, wie etwa einerseits Sinnlichkeit und andererseits Genußsucht oder den Bogen vom lebendigen Vorstellungsvermögen über illusionäre Träumerei bis hin zur verqueren Irrationalität.
- Der *kleine Finger* stellt gewissermaßen den Gegensatz zu den Eigenschaften des Daumens dar. Nicht triebhafte Selbstbehauptung, sondern geistige Entfaltung, Erkenntnisfähigkeit, Bedachtheit und Abstraktionsvermögen sind neben Beredsamkeit, Geschäftstüchtigkeit und Inspirationsgabe hier die bestimmenden Charaktermerkmale. Der kommunikative Aspekt dieses Fingers weist zudem über unsere Begrenzung hinaus in einen transzendenten Raum.

Die erwähnten Fingereigenschaften sind nicht nur durch empirische Deutung erfahrbar, sondern jeder kann ihnen auch auf sensitive Weise nachspüren,wie dies bei der Daumen-Finger-Ringmudra beschrieben wurde (siehe Seite 54). Durch diese Mudra läßt sich der jeweilige Energiefluß im Daumen-Finger-Ring kurzfristig anheben. Hierdurch erfahren Sie eine entsprechende psychische Aufhellung. Langfristig und deshalb auch psychisch heilsam und stabilisierend wirken hingegen Mudras, die den jeweiligen Fingersinn verstärken. Um solche Mudras zu formen, muß man neben den genannten Fingereigenschaften auch die Fingergliederung berücksichtigen. Mit Ausnahme des Daumens verfügt jeder Finger über drei sichtbare Fingerglieder. Diese Fingerglieder versinnbildlichen drei weitere Aspekte, die für cheirosophische Mudras maßgeblich sind.

- Die *untersten* Fingerglieder verweisen auf Bodenständigkeit und Handfestigkeit. In ihnen verdichten sich materielle Kräfte, die sowohl mit unserem Ego als auch mit unserer Einsicht in und unserem Verständnis für unmittelbare Notwendigkeiten verbunden sind. Hierüber können wir bei konkreter und akuter psychischer Bedrängnis Impulse setzen.
- Die *mittleren Fingerglieder* stehen in einer gewissen Verbindung zu unserer Vernunft. Freilich wird hier nicht nur die rationale Ebene angesprochen, vielmehr offenbaren sich hier jene Kräfte, die unsere Auffassungsgabe und unser Feingefühl für das Mögliche und Gewollte nähren. Wahrnehmung und Zuversicht verbinden sich hier. Folglich können wir über dieses Fingerglied psychische Verfestigungen lösen und regulierend in seelische Entwicklungen eingreifen.
- Die *oberen* Fingerglieder, insbesondere die Fingerspitzen, sind schon vom Körperlichen her äußerst feinfühlige Instrumente. Ebenso gelten sie auch aus cheirosophischer Sicht als höchst sensible Zonen intuitiver Wahrnehmung und hoher Geistigkeit. Hier erfahren wir etwas von unserer Seelentiefe und Seelenfülle. Emotionale und feinsinnige Impulse können hierüber vermittelt werden.
- Eher unbewußte Aspekte des jeweiligen Fingersinnes erkennt man in den *Fingerbergen.* Darunter versteht man die muskulösen Erhebungen in der Handfläche direkt unter den Fingeransätzen. Über diese Fingerberge können wir der Psyche grundsätzlich steuernde Impulse vermitteln, aber auch Unbewußtes so weit anheben, daß wir es uns von Mal zu Mal vor Augen führen können. Von besonderer Bedeu-

tung ist dabei der Handballen unter dem Daumen. Er verbirgt im Prinzip das dritte Daumenglied. Dieser Bereich steht für unsere vitale Kraft. Folglich können wir mit hier aufgelegten Fingern entsprechend belebende und erfrischende Impulse vermitteln. Das untere Daumenglied schließlich steht für unser vitales Empfinden und unbestimmtes Wollen, während das obere Daumenglied vitalen Ausdruck und Willensbekundung versinnbildlicht. Deshalb wird es bei cheirosophischen Mudras überwiegend als Katalysator beziehungsweise Impulsgeber einbezogen.

Überblick über die für cheirosophische Mudras relevanten Fingereigenschaften

	Daumen	**Zeigefinger**	**Mittelfinger**	**Ringfinger**	**kleiner Finger**
Grundeigenschaft	Triebkraft	Subjektivität	Objektivität	Kommunikation	Geisteskraft
oberes Fingerglied	Willensbekundung aktivierend	Selbstbewußtsein	Tugendhaftigkeit Wahrheitsempfinden	Hingabevermögen Gemeinsinn	Spiritualität Feinsinnigkeit
mittleres Fingerglied		Selbstverwirklichung	Realitätssinn Ordnungsliebe	Kreativität Kommunikationsfähigkeit	Sprachvermögen Nachdenklichkeit
unteres Fingerglied	unbestimmter vorbewußter Willensausdruck	Selbstbehauptung Selbstwirksamkeit	Beharrlichkeit Standfestigkeit	Sinnlichkeit	Erfolgsstreben
Fingerberg	Vitalkraft belebend	Selbstempfinden	Notwendigkeit Zwanghaftigkeit	Einbildungsgabe Einfühlungsvermögen	Vernunft Beobachtungsgabe

Wird nun eine Mudra nach cheirosophischen Gesichtspunkten geformt, so besinnt man sich dabei auf die mentale Ebene, also auf seine bewußte Psyche, und verknüpft unterschiedliche Fingereigenschaften durch eine überlegte Handhaltung zu einem bestimmten Wirkkreis beziehungsweise Wirkungszusammenhang. Wie sich dabei ein solcher gewollter Impuls auswirken kann, soll an der Prana-Apanamudra (siehe Seite 110) exemplarisch erläutert werden. Da sie auf jeder der vorgenannten Energieebenen wirksam angewandt werden kann, wird sie auch beispielhaft bei den weiteren Beschreibungen der Mudra-Prinzipien analysiert werden.

Im cheirosophischen Sinne läßt sich die Prana-Apanamudra folgendermaßen deuten: Mit der rechten Hand, in der die Pranamudra geformt wird, werden mittels des aufgelegten Daumens an Ring- und kleinem Finger Eigenschaften wie Hingabevermögen und Feinsinnigkeit unterstützt. Hierdurch erlangen wir eine gewisse Offenheit für das auf uns Einwirkende, wobei vor allem geistige und transzendente Aspekte wahrgenommen werden. Unterstützt wird dieses Geschehen durch die gestreckten Finger, die in ihrer bezeugenden Haltung eine Hinwendung zum Wahrhaftigen versinnbildlichen. Da in der Cheirosophie die rechte Hand im Gegensatz zur eher passiven linken Hand als die aktive gilt, ist diese Wahrnehmung weniger meditativ als vielmehr kontemplativ. Es handelt sich also um eine aus uns heraus gerichtete, gezielte Betrachtungsweise.

Durch die Apanamudra in der linken Hand sprechen wir indes über die aneinandergehaltenen Spitzen von Daumen, Ring- und Mittelfinger unser Wahrheitsempfinden und unser Hingabevermögen an. Die gestreckten Finger stehen für unser Hiersein wie für unser Transzendenzverlangen und verweisen somit auf unser Menschsein als Gespanntheit zwischen Himmel und Erde. Das durch die zusammengehaltenen Finger angestoßene Geschehen wird dementsprechend durch innere Wahrnehmung und Bedachtheit ergänzt. Hier sind wir unter Berücksichtigung der grundlegenden Eigenschaft der linken Hand eher passiv Betrachtende. Wir lauschen durch diese Mudra quasi auf das Echo, welches wir durch unseren Anruf mit der Pranamudra der rechten Hand auslösten. Dabei befinden wir uns in einer intuitiv kritischen Grundstimmung, durch die wir die geweckten Eindrücke mit unserem Herzen prüfen. Insgesamt versetzen wir uns also durch die Prana-Apanamudra auf der mentalen Ebene in einen Zustand wacher und vorurteilsfreier Wahrnehmung. Insofern ist diese Mudra immer dann angebracht, wenn wir unseren eigenen Standpunkt klären möchten oder wenn wir mit Fakten konfrontiert werden, zu denen wir uns vorerst noch kein Urteil bilden wollen.

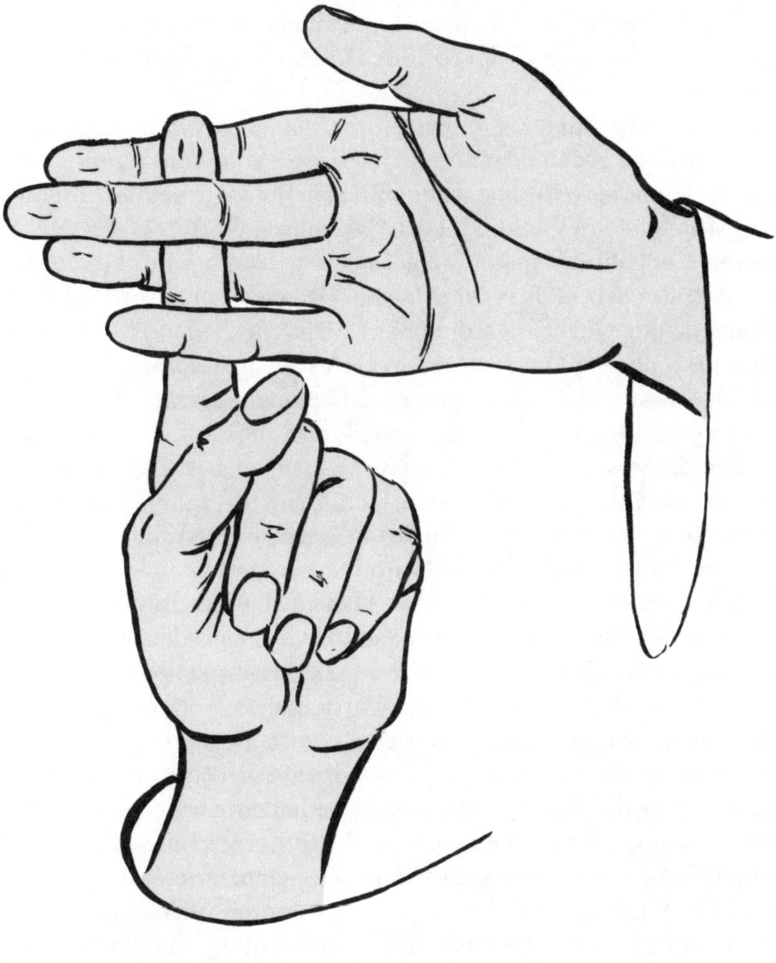

Als weiteres Beispiel für die wirksame Verknüpfung von Fingereigenschaften soll noch mit der *Webermudra* eine typische cheirosophische Mudra betrachtet werden.

Halten Sie Ihre rechte Hand mit der Handfläche nach oben. Von der Handkantenseite aus schieben Sie den Zeigefinger der linken Hand quer zu den Mittelgliedern der vier Finger der rechten Hand. Dabei verläuft der Zeigefinger gleichsam wie ein Webschiffchen entlang der Finger; kleiner und Mittelfinger liegen obenauf, während Ring- und Zeigefinger nach unten gehalten werden. Bei dieser Handhaltung handelt es sich um eine insgesamt aktive Mudra, da mit ihr in erster Linie dem Finger der rechten Hand Impulse vermittelt werden.

Wirkweise: Die linke Zeigefingerspitze, die auf dem mittleren Zeigefingerglied der rechten Hand ruht, verdeutlicht uns das eigene Wollen und stärkt uns gewissermaßen den Rücken für das gewählte Vorhaben. Das Mittelglied des Mittelfingers, das mit seinem Rücken gegen den oberen Knöchel des linken Zeigefingers gehalten wird, erhält einen konzentrierten Impuls innerer Festigkeit, wodurch unsere Selbsteinschätzung des Gegebenen dominiert wird. Das bedeutet, daß unsere Einschätzung der Dinge für uns objektive Züge annimmt, entsprechend kräftigt sich auch unsere Überzeugungskraft. Der untere Knöchel des linken Zeigefingers wiederum ruht auf dem Mittelglied des Ringfingers. Dies zeigt an, daß wir von uns aus die Zwiesprache suchen werden, um unsere Idee an den Mann zu bringen. Schließlich berühren sich noch unteres linkes Zeigefingerglied und Mittelglied des rechten kleinen Fingers. Hierdurch empfinden wir große Zufriedenheit mit unserer eigenen Rede. Dabei haben wir uns freilich noch so weit unter Kontrolle, daß wir nicht in leeres Gerede abgleiten, sondern in sich geschlossen formulieren. Insgesamt stärkt diese Mudra also unsere Fähigkeit, unsere Vorstellungen überzeugend und schwungvoll vorzutragen, ohne dabei eitel oder aufdringlich zu wirken. Anders wäre dies allerdings, wenn wir den Daumen der rechten Hand gegen die linke Zeigefingerspitze halten würden. Denn dann würden wir die ichbezogenen Eigenschaften dieses Fingers so weit anheben, daß unser Vortrag geckenhafte Züge annähme. Würden wir indes diese Mudra umgekehrt halten, also unseren rechten Zeigefinger mit den vier Fingern der linken Hand verflechten, wäre ihre Wirkung um einiges subtiler. Unser Vorgehen wäre infolgedessen weniger aggressiv, dafür aber mehr von hintergründiger und suggestiver Art.

Die Symbolik der Hände im Shingon

Die Symbolik der Hände im esoterischen Buddhismus, der vor allem im Shingon seine größte Entfaltung fand, steht in einem auffälligen, geradezu spiegelverkehrten Gegensatz zur systematischen Deutung der Hand nach cheirosophischer Lesart. Eine solche Gegensätzlichkeit weist in der Regel darauf hin, daß die Gegensätze einander nicht ausschließen, sondern sich gegenseitig bedingen, was beispielsweise mit der taoistischen Lehre von Yin und Yang zu einer vollendeten Weltsicht führte, die sich auch auf der praktischen Ebene über die Jahrtausende hinweg bis dato bewährte. Und in der Tat ergänzen sich in solcher Weise die Symbolik der Cheirosophie und die des Shingon zu einem sowohl die dingliche als auch die geistige Welt umschreibenden Ganzen.

Mit der Deutung der Hand wird in der Cheirosophie Anlage, Wesen, Geisteshaltung und die sich daraus ergebende Lebensauffassung und Lebensgestaltung eines Menschen erklärt, womit der handelnde Mensch in der dinglichen Welt beschrieben werden kann. Dem entgegen steht die Auffassung des Shingon, die den Seelengrund eines Menschen oder seine ursprüngliche Wesenheit erklärt und somit den Menschen als spirituelles Wesen beschreibt. Und so, wie für den Cheirosophen die körperhafte Hand die Grundlage seiner Deutung ist, ist es die feinstoffliche Hand, die im Shingon Form und Ausdruck einer Mudra ausmacht. Für einen Aurasichtigen wäre es möglich, beide Erscheinungsformen in eine Deutung mit einzubeziehen und folglich zu einer umfassenden Beschreibung der psychischen und spirituellen Wesenheit eines Menschen zu gelangen. Denn an unseren Fingern fächert sich unsere Aura in einzelne farblich voneinander unterscheidbare Bewußtseinssphären auf. Folgt man den Gesichtspunkten der Farbsymbolik, zeigt hierbei jeder Finger, mit Ausnahme des Mittelfingers, die seinem Fingersinn konträre Farbe unseres Lichtkleides. Im einzelnen sind dies folgende Farben:

- *Blau am Daumen:* Als geistige Farbe weist Blau auf einen Bewußtseinsaspekt hin, in dem wir über den Dingen stehend uns als geistige Wesen erkennen und uns zum Transzendenten hinwenden. Es ist die Farbe der Erkenntnis und der Zeitlosigkeit, die uns im Himmelszelt allgegenwärtig ist. So symbolisiert sie auch das Element des Äthers, in dem die vier Grundelemente sich wirkend entfalten können.

- *Grün am Zeigefinger:* Auch Grün wird vielfach als geistige Farbe aufgefaßt, so etwa im Islam. In dieser Verbindung ist sie gleichzeitig die Farbe der Lehre. Gemeinhin gilt Grün als Farbe des Lebens. Damit symbolisiert sie das Geschaffene, das durch seine Wesenhaftigkeit auf den Schöpfer hindeutet. In dieser ursprünglichen Gestalt erscheint es uns noch unverbildet und unverfälscht als Zeichen allumfassender Liebe. Dementsprechend versinnbildlicht Grün das Element der Luft.
- *Gelb am Mittelfinger:* Als helle, dem Licht gleiche Farbe steht Gelb dem durchdringenden Geist der Vernunft zur Seite. Die dingliche Welt zu erkennen und seinen Platz in ihr zu bestimmen, ist der Sinn solchen Verstehens. Gelingt es uns, dieser Forderung in objektiver Weise gerecht zu werden, leben wir in himmlischem und irdischem Gleichklang. Dementsprechend scheinen wir mit diesem Finger, der alle anderen überragt, einem allumfassenden ordnenden Prinzip verhaftet. Das Element Feuer drückt sich hierin aus.
- *Orange am Ringfinger:* Orange ist eine Farbe der Geschäftigkeit. Die Gestaltung der Welt in einem selbstverständlichen Sinne ist ihr eigen. Unsere Bedachtheit und das daraus resultierende Wollen werden hier zum Antrieb unseres Schaffens. Gleichzeitig gilt aber Orange in vielen Kulturen als eine geistige Farbe, in der sich Mönche kleiden. Daher versinnbildlicht sie auch den Verzicht um der Veredelung willen. Die Schmiegsamkeit und Beharrlichkeit des Wassers ist das hier wirkende Element.
- *Rot am kleinen Finger:* Die Farbe der Lebenskraft steht für die sinnliche Daseinsbekundung. Die Freude am Leben als Gottesdienst zu zelebrieren, indem man sich ihm nicht verweigert, sondern sich ihm lustvoll schenkt, ist der geistige Aspekt an dieser Stelle, der zugleich auch ein grundlegendes Geheimnis des Tantrismus ist. Diesen Weg zu gehen, ohne sich dabei zu verlieren oder zu verderben, bedarf es eines wachen und lauteren Geistes. Das Element Erde ist seine wirkende Eigenschaft.

Die Gegensätzlichkeit von dinglichem und spirituellem Fingersinn wird durch die Mudra zu einem Sinnbild der Ganzheit, denn sowie etwas in der körperhaften Sphäre angeregt wird, erfährt es augenblicklich seinen Ausgleich in der spirituellen Sphäre. Es ist ein Geben und Nehmen, ein Hinwenden und Rückwenden, ein Anrufen und Lauschen. Zwei Pole derselben Sache, die Ursache und die ihr zustrebende Wirkung, stehen über die Hände in direkter stofflicher und feinstofflicher Kommunikation. Dieser sich wechselseitig bedingende Austausch findet in der Mudra seine gültige und die Bipolarität überwindende Gestalt. So wird die Mudra zum Sinnbild einer Einheit, die eine umfassende Wahrheit beschreibt. Es ist eine ursprüngliche und letzte Wahrheit, die, weil nicht mehr hinterfragbar, Schweigen ist. Wortlos verwehrt sie sich jeglicher Deutung und vermag als Erfahrung nur schweigend von Seele zu Seele durch das Medium der Mudra mitgeteilt werden.

Auf der spirituellen Ebene, die durch den Shingon brauchbar definiert wird, wiederholt sich die Gegensätzlichkeit als erhaltendes und überhöhendes Prinzip. Danach bewirken zwei sich gegenseitig erhaltende Kräfte die Einheit des Kosmos. Es sind dies einmal Vajra-Dhatu, die aus der göttlichen Weisheit hervorgegangene Diamantsphäre, und als ihr Gegensatz Garbha-Dhatu, die aus der Weltvernunft entstandene Mutterschoßsphäre, die als in sich wirkende Kreise oder Mandalas aufgefaßt werden. Beide Mandalas wiederholen sich gleichnishaft in unseren Händen.

- Die *linke Hand* versinnbildlicht mit der Mutterschoßsphäre das weibliche Prinzip, für das die symbolischen Eigenschaften des Mondes stehen. Sie ist die meditative Hand, die die Welt durch einfühlsame Hingabe in ihrem Sein zu erfassen vermag. Struktur und Vielheit sind die Wesensmerkmale dieser Weltsicht, Verinnerlichung und Ausstoßung ihr reaktiver Impuls.
- Die *rechte Hand* steht für die Diamantsphäre, die mit den symbolischen Eigenschaften der Sonne das männliche Prinzip in sich trägt. Somit gilt sie als die Hand der handelnden Intelligenz, die nach dem Absoluten und Einheitlichen strebt. Sie trägt schöpferische Momente in sich und erfaßt die Welt in ihrem möglichen Sein. Dementsprechend ist Erkenntnisstreben und Formung ihr reaktiver Impuls.

Die den Händen zugedachten Eigenschaften sind gegenüber den Fingern hintergründig wirkende Qualitäten, die den jeweiligen Fingersinn beider Hände in unterschiedlicher Weise timbrieren. Im Fingersinn selbst spiegeln sich grundlegende Auffassungen des Shingon wieder, die als sieben einander sich durchdringende Ebenen betrachtet werden können. Es sind dies die fünf Ausformungen der Intelligenz, die fünf Bodhisattvas als Sinnbild für die fünf Formen der Erkenntnis, die fünf Wurzeln der Erleuchtung, die fünf Elemente, die fünf Buddhas als Formen der Weisheit sowie die zehn Grade der Tugend und die zehn Erscheinungen der Welt. Auf die einzelnen Finger übertragen, bilden sich demnach folgende energetisch greifbare Eigenschaften heraus, die den jeweiligen Fingersinn prägen:

- *Daumen:* Dem Daumen ist das Element Äther zugewiesen. Ungeteiltes Wahrnehmungsvermögen verbunden mit unmittelbarer Erkenntnisfähigkeit in das Transzendente kann durch die Kraft des Daumens erblühen; dementsprechend steht er auch für die Gnade der Weisheit. Der *rechte* Daumen birgt die Macht der Meditation und der höchsten Ekstase in sich. Er versinnbildlicht ebenso die Welt der Buddhas. Im *linken* Daumen ruht die Fähigkeit, das Gesetz von Ursache und Wirkung zu durchschauen. Seine Welt ist die Welt der Menschen.
- *Zeigefinger:* Das Element Luft ist diesem Finger zugeordnet. Die Fähigkeit schöpferischer Kommunikation ist in ihm geborgen, wodurch wir zwischen dem Was-Ist und dem Was-nicht-Ist und in der Folge zwischen Gut und Böse unterscheiden können. Durch die Kraft der Intuition erhalten unsere Betrachtungen und Meditationen Farbe und führen zu innerer Zwiesprache. Der *rechte* Zeigefinger symbolisiert zudem Zielstrebigkeit und die Welt der Bodhisattvas. Im *linken* Zeigefinger ist eine urgründige Macht geborgen. Seine Welt ist die Welt der Gegengötter, wobei deren Aspekte als zwiespältig erachtet werden.
- *Mittelfinger:* Diesem Finger ist das Element Feuer zugewiesen. Die Gabe der Einsicht und der analysierenden Betrachtung bestimmt die in ihm gebundenen Kräfte. Dementsprechend wird durch ihn unsere Vernunft gefordert. Der *rechte* Mittelfinger ist ein Hort der Geduld und Ausdauer, die auf Vervollkommnung gerichtet ist, während im *linken* Mittelfinger der heilige Vorsatz geborgen ist, dieser Erfüllung auch zuzustreben. Der rechte Finger symbolisiert zudem die

Welt der nicht lehrenden Buddhas, dagegen steht der linke Finger für die Welt der Tiere.

- *Ringfinger:* Der Ringfinger verweist auf das Element Wasser. Aufnahmefähigkeit und sinnliche Wahrnehmung sind seine Eigenschaften, die sich in einer auf die Welt der Dinge gerichteten Geisteshaltung äußern. Somit steht er für den tatkräftigen und seinen Idealen zustrebenden Menschen. Der *rechte* Ringfinger unterstützt Werte wie Selbstdisziplin und Ordnungsgefüge. Seine Welt ist die Welt der erleuchteten Jünger Buddhas. Durch den *linken* Finger wird die Umsetzung in dinglicher Weise forciert. Er steht für die Welt der hungrigen und leidenden Geister.
- *Kleiner Finger:* Der kleine Finger versinnbildlicht das Element Erde. Die in ihm geborgene Energie ist daher auf die materielle Welt gerichtet. Sie zu erfassen und sich in ihr zu behaupten, entspricht seinem wirkenden Impuls. Ein urgründiges Vertrauen in das Leben als solches stützt diese Zielgerichtetheit. Im *rechten* Finger ruht die Befähigung zur Barmherzigkeit. Ihr entspricht auf metaphysischer Ebene die Welt der Götter. Moralisches Handeln drückt sich durch den *linken* Finger aus. Demgegenüber steht versuchend die Welt der Höllenwesen.

Betrachten wir unter Berücksichtigung dieser Fingereigenschaften die Prana-Apanamudra, erkennen wir in der rechten Hand durch die Pranamudra eine konzentrierte, doch zugleich gelöste Geisteshaltung. Sie ist zwar in einem gewissen Maße zielgerichtet, andererseits ist dieses Streben nicht auf Vermehrung bedacht. Die unterschiedlichen Eigenschaften der sich berührenden drei Fingerspitzen werden durch den aufliegenden Daumen dominiert. Hierdurch wird der körperliche und dingliche Aspekt der beiden anderen Finger auf sanfte Weise erhöht und eine ideale Form angestrebt. Die gestreckten Finger treten derweil in ihrer Aussage in den Hintergrund, daher werden kurzfristige und unmittelbare Wirkungen verstärkt. Insgesamt ist diese Mudra auf heilsame physische Effekte angelegt.

Mit der linken Hand wird die Apanamudra geformt. Auch hier stärken die zusammengehaltenen Fingerspitzen körperhafte Aspekte, die vor allem auf Regelung und Gleichgewicht ausgerichtet sind. Durch sie soll das formende Geschehen der rechten Hand verstanden und wirksam verinnerlicht werden. Die gestreckten Finger treten auch hier in den Hintergrund, so bleibt der angestoßene Prozeß auf die Person beschränkt und wird nicht in handelnder Weise nach außen getragen. Nicht geistiger Wandel, sondern Klärung und Selbstverständnis erhalten hierdurch Geltung.

Insgesamt ergänzt die Prana-Apanamudra auf dieser energetischen Ebene den spirituellen Prozeß, wie er sich in der cheirosophischen Betrachtung darstellt. Statt geistiger Wahrnehmung rücken die körperliche Klärung und Kräftigung sowie das aktive Verständnis für diesen Ausgleich in den Vordergrund. Von daher ist die Prana-Apanamudra etwas untypisch für den Shingon, bei dem sonst eher spirituelle Sphären anklingen. Andererseits bestätigt sich gerade auch an einem solchen untypischen Exempel die sich ergänzende Wechselbeziehung zwischen den beiden Energiemodellen des Shingon und der Cheirosophie.

Zusammenfassung des Fingersinns im Shingon

	Daumen	**Zeigefinger**	**Mittelfinger**	**Ringfinger**	**kleiner Finger**
Element	Äther	Luft	Feuer	Wasser	Erde
Grundeigenschaft	Weisheit	Kommunikation	Vernunft	Tatkraft	Besitz
rechte Hand	höchste Ekstase	Vertrauen	Vervollkommnung	Selbstdisziplin	Barmherzigkeit
linke Hand	karmische Lösung	Urmächtigkeit	Vorsatz	Durst	Versuchung
Farbe	Blau	Grün	Gelb	Orange	Rot

Rechte Hand: Sonne, Erkenntnisstreben und Formung
Linke Hand: Mond, Verinnerlichung und Ausstoßung

Chakrenkraft und ayurvedisches Menschenbild

Die ayurvedische Medizin Indiens, die sich als Wissenschaft vom Leben versteht, ist eine jahrtausendealte Heilkunde, die von einem speziellen Menschenbild ausgeht. Da sie über die Zeiten in engem Austausch mit der chinesischen Medizin stand, konnten sich beide Systeme wechselseitig befruchten, und dementsprechend finden wir heute in beiden Heilkunden grundlegende Betrachtungsweisen, die einander entsprechen. Dabei erhebt mittlerweile mal die eine, mal die andere medizinische Richtung Anspruch auf die Urheberschaft spezieller Heilmethoden und Diagnoseverfahren. So behauptet etwa die ayurvedische Medizin von sich, schon lange vor der chinesischen Medizin die Akupunktur als Heilverfahren begründet zu haben. Unabhängig davon kann man die ayurvedische Medizin als eine Volksheilkunde betrachten, da sie im Gegensatz zur chinesischen Medizin weniger von ausgebildeten Ärzten durch die Zeiten überliefert und praktiziert wurde als von Heilern, die überwiegend innerhalb der Familienclans ausgebildet wurden und das erworbene Wissen in ihren Kreisen hielten. Der wesentliche Unterschied zur westlichen Medizin liegt allerdings neben der grundlegend andersartigen Diagnostik nur bei oberflächlicher Betrachtung in den Heilmethoden. Diese sind schließlich nur Ausfluß gegensätzlicher Ansätze in der Weltsicht und der hiervon abgeleiteten Diagnostik. Vielmehr gründet die Verschiedenheit der medizinischen Systeme auf den jeweils anders gesetzten Prioritäten. Während nämlich die westliche Medizin Krankheit und Genesung in den Mittelpunkt ihrer Betrachtung rückt, steht bei der östlichen Medizin die Gesunderhaltung und Abwendung von Krankheit im Zentrum der Aufmerksamkeit.

Die Lehre von den Chakren ist eine der Grundlagen ayurvedischer Medizin. Daher hebt sie sich ihrerseits von der chinesischen Medizin ab, die diese Form der Energiezentren nicht kennt. Die Vorstellung von einer alle körperlichen Funktionen bedingenden Lebenskraft wie dem Qi der chinesischen Medizin ist indes auch der ayurvedischen Medizin nicht fremd. Hier wird diese urmächtige Kraft Vayu genannt. Als solche spendet sie sowohl Chakrenkraft als auch körperliche Energie. Durch diese Verbindung lassen sich körperliche und feinstoffliche Aspekte auf eine Ursache zurückführen. Und da auch die Betrachtung der Hände zum Zweck der Ausformung von Heilmudras diesem bilateralen System unterworfen wird, ist das ayurvedische Menschenbild für die prinzipielle Gestaltung der Mudras aussagekräftiger als die Vorstellungen der chinesischen Medizin, wobei sich hier im Grunde genommen zwei philosophische Betrachtungsweisen, nämlich Yoga und Ayurveda, miteinander verschränken.

Als ursprüngliche beseelende Kraft wird nach dieser Kosmologie der den Körper durchflutende Vayu angesehen. Er gilt als urkräftige, selbsterzeugte Manifestation einer subtilen, unsichtbaren und alles durchdringenden göttlichen Kraft ewigen Lebens. Als feinstoffliche und in diesem Sinne seelisch-psychische Kraft durchwirkt er die Chakren, als physische Kraft regelt er den Energiekreislauf des Körpers. Diese beiden Aspekte des Vayu werden in ihrem wirkenden Bezug auf den Menschen als Prana bezeichnet, wobei die Chakrenenergie von der Körperenergie differiert beziehungsweise als ein in sich geschlossenes System betrachtet wird. Diese Betrachtungsweise, bei der sich die kosmologische Sicht im Menschenbild wiederholt, ist allerdings im wesentlichen spirituell nach Gesichtspunkten des Tantrismus begründet, so daß diese Unterscheidung an dieser Stelle vernachlässigt werden darf, da sie für die Formung von Mudras keine besondere Relevanz hat. Nach ayurvedischen Gesichtspunkten entspricht Prana der ursprünglichen Seelenenergie, die in ihrer Manifestation die fünf Elemente bedingt, die ihrerseits aus dem Prana in folgender Reihenfolge emanieren:

- *Äther:* Als das feinstofflichste Element umfaßt der Äther Raum und Materie gleichermaßen. Auf den Körper bezogen wirkt er kühl und trocknend, ein Zuviel kann jedoch zu Erhitzung führen. Er wird hauptsächlich in wirkender Verbindung mit Leber und Galle gesehen, aber auch Magen, Blase und der Darm als Ganzes werden vom Äther beeinflußt.

In bezug auf die Chakren wird Äther dem *Vishuddachakra,* dem Halschakra, zugeordnet. Seine Eigenschaften sind vornehmlich geistiger Art. Sprache, Intelligenz und Selbsterkenntnis werden mit ihm in Verbindung gebracht. Es gilt als eine klärende Instanz, in der unverarbeitete Bewußtseinsaspekte der unteren Chakren durch Einsicht überwunden werden, so daß sich eine unvoreingenommene Wahrnehmung für die Welt des Übersinnlichen und Irrationalen einzustellen vermag.

Der diesem Element und damit diesem Chakra zugewiesene Finger ist der *Mittelfinger.*

- *Wind:* Wind entspricht im übertragenen Sinne dem Element Luft. Folglich muß dieses Element in unmittelbarem Zusammenhang mit der Atmung gesehen werden, und zwar als eine Bewegung symbolisierende Kraft. Es ist seine Aufgabe, Prana aufzunehmen und in den Körper zu lenken. Hier wirkt Wind direkt auf den Dickdarm und das Nervensystem.

Das dem Wind zuzuordnende *Anahatachakra,* das Herzchakra, trägt Eigenschaften wie Kommunikationsverlangen und Mitleidsfähigkeit in sich. Ist dieses Chakra angeregt, suchen wir innere Ruhe und äußeren Ausgleich. Dabei mag die Gefahr einer Entfernung von der Wirklichkeit bestehen, insbesondere dann, wenn wir unser Harmoniestreben zur allem übergeordneten Maxime erheben, wodurch wir unsere Empfindsamkeit der Herrschaft der Vernunft unterwerfen.

Der Zugang zur Kraft des Windes und des Anahatachakras soll sich über den *Zeigefinger* erschließen.

- *Feuer:* Mit diesem Element werden Wandlungsprozesse verbunden, die reinigend und belebend sind. Da Feuer durch Wind entfacht wird, steht es in unmittelbarer Beziehung zum Herzen, das vom Windorgan Lunge umgrenzt wird. Neben Herz und Kreislauf wird die Funktion des Dünndarmes durch dieses Element reguliert.

Das vom Element Feuer beeinflußte Chakra ist das *Manipurachakra,* auch Nabelchakra genannt. Die ihm zugewiesenen Eigenschaften werden in Zusammenhang mit Persönlichkeitsbildung und objektiver Wahrnehmungsfähigkeit gesetzt. Dieses Geschehen bedingt ein gewisses Maß an Selbstüberwindung. Insofern ist dieses Chakra auch ein Zentrum der Wandlung im Spannungsfeld zwischen Sein, Wollen und Werden. Widerständigkeit und Duldsamkeit miteinander in kreativer Weise zu verknüpfen, wird uns hier zur Aufgabe.

Als der dem Element Feuer und dem Manipurachakra entsprechende Finger gilt der *Daumen.*

• *Wasser:* Wasser gilt uns als das Symbol emotionaler Kraft schlechthin. In der hier verwendeten Bildhaftigkeit wird es jedoch hauptsächlich als bindende, wenn auch flüchtige Kraft verstanden. Alle Formen von Körpersekreten und Körperflüssigkeiten, insbesondere Blut, Galle und Urin, stehen in enger Verbindung mit diesem Element.

Das *Svadhistanachakra* oder Sexualchakra trägt die Aspekte dieses Elements in sich. In diesem Chakra wirken vor allem subjektive Kräfte, die durch unsere sinnliche Wahrnehmung Gültigkeit erlangen. Unsere Sexualität und somit unsere Beziehungsfähigkeit sind weitere Bewußtseinsaspekte dieses Energiezentrums. Geben und Nehmen, äußeres Wirken und innerer Widerhall finden hierdurch im Idealfall ihren Ausgleich.

Der *kleine Finger* wird als Hort dieser Kräfte erachtet.

• *Erde:* Als dichtestes und körperhaftestes Element gilt Erde als Grundlage aller Erscheinungen. Skelett, Muskeln und Sehnen werden als die eigentlichen Bausteine des Körper in seiner sichtbaren Gestalt als von diesem Element dominiert angesehen. Aber auch Magen, Milz und Bauchspeicheldrüse gelten als vom Element Erde beeinflußt.

Das *Muladhara-* oder *Wurzelchakra* steht als tiefstes Chakra gleichnishaft für die Erde. In ihm ruhen Bewußtseinsaspekte, die vor allem als physisch umsetzbare Kräfte der Selbstbehauptung wirken. Als Zentrum unserer Daseinskraft zwingt es uns zum bewußten Umgang mit unseren elementaren Bedürfnissen und unserer Triebhaftigkeit. Dementsprechend ist die Auseinandersetzung mit der materiellen Welt die geistige Dimension dieses Chakras.

Im *Ringfinger* wird die Brücke zum Muladharachakra und dem Element Erde gesehen.

Gesundheit und Wohlbefinden werden aus der Sicht des Ayurveda als ein Zustand grundsätzlichen Gleichgewichtes aller wirkenden Elemente erachtet. Entsteht ein Ungleichgewicht durch ein Zuviel oder ein Zuwenig einzelner Elemente, führt dies zu gesundheitlichen Schwierigkeiten. Dabei entsteht ein solches Ungleichgewicht nicht erst mit der Krankheit selbst, sondern bereits in ihrem Vorfeld. Erst ein anhaltendes Ungleichgewicht führt danach zu erkennbaren gesundheitlichen Beeinträchtigungen. Durch die Wiederherstellung des elementaren Gleichgewichtes wird demzufolge auch der eigentliche

Genesung bewirkende Impuls gesetzt. Ein Ungleichgewicht der Elemente läßt sich zum einen über die Chakren und zum anderen durch therapeutische Einwirkung auf den Körper behandeln. Als Königsweg wird dabei die Behandlung beider Pranafunktionen angesehen.

Die verschiedenen Elemente sind wie die Chakren keine eigenständigen Energieformen, sondern stehen gleichsam als Wandlungsphasen zueinander in einer Wechselbeziehung. Diese Aufeinander-Bezogenheit wird sowohl kreisförmig als auch mittels Pentagrammen dargestellt. Je nachdem wie sich Wechselbeziehung darstellt und beobachtet wird, verändert sich die Erscheinungsform des Prana und seiner Emanationen. Diese Erscheinungsformen seien nachstehend zwar erwähnt, jedoch nicht weiter beschrieben, da sie als therapeutisches Konzept des Ayurveda in diesem Rahmen nicht behandelt werden können. Ihre Bezeichnung als Chakren bezieht sich auf den eigentlichen Wortsinn von *Chakra* als »Kreis«.

- Rad der Schöpfung *(Nirmanachakra):* Äther – Wind – Feuer – Wasser – Erde.

Diese Abfolge beschreibt das Hervorgehen der Elemente aus dem Prana.

- Rad der Zerstörung *(Vinashachakra):* Äther – Wind – Feuer – Wasser – Erde.

Es entspricht in seiner Abfolge dem Rad der Schöpfung, wobei hier jedoch ein Ungleichgewicht des Äthers sich sukzessive destruktiv auf die anderen Elemente auswirkt.

- Rad der Kontrolle *(Vinayachakra):* Äther – Erde – Wasser – Feuer – Wind.

Diese Kausalkette beschreibt das Gleichgewicht der Elemente gemäß ihrer jeweiligen Dominanz; danach dominiert Äther die Erde, Erde das Wasser und so fort.

- Rad der Unterstützung *(Alambachakra):* Wind – Wasser – Äther – Feuer – Erde.

Diese Abfolge beschreibt den Ausgleich durch wechselseitige Abgabe von Kraft.

Für die Betrachtung der Hand und die Formung von Mudras nach Gesichtspunkten der Chakrenkraft ist noch eine weitere Gliederung der Elemente zu beachten, die aus drei *Doshas* besteht. Dabei wirken jeweils zwei Elemente in besonderer Weise zusammen und bilden einen eigenen, Körperfunktionen regelnden Kreislauf. Solange sich dabei die aufeinander bezogenen Kräfte eines Doshas gegenseitig im Gleichgewicht halten, bleibt der von ihnen geregelte Kreislauf stabil. Durch den Regelkreis der Doshas wird eine dem Rad der Schöpfung gegensätzliche Polarität beschrieben. Hierdurch verkehrt sich die Reihenfolge der Elemente, auf den Körper und damit auch auf die Chakren bezogen, von unten nach oben. Das Element Äther ist danach das tiefste, während die Erde in Verbindung mit ihrem Dosha am höchsten liegt. In dieser Form wiederholt sich innerhalb dieses Modells die gleiche bipolare Gespanntheit, wie sie auch zwischen cheirosophischem und buddhistischem Fingersinn besteht.

Nachstehend folgen die einzelnen Doshas und ihre Funktionen:

- *Vata* gilt als das erste Dosha. Es setzt sich aus den Elementen Äther und Wind zusammen und wird dem Unterbauch zugeordnet. Es bewirkt den Pranafluß und steuert Temperament und Bewegungsenergie. Ist es im Ungleichgewicht, treten Nervosität und ängstliche Unruhe auf. An den Fingern wird Vata am Oberglied stimuliert, was sich vor allem auf die Psyche auswirkt. Die Zuordnung zum Oberglied widerspricht der Sicht, wonach Vata am tiefsten liegt, nicht, da bei normalem Stand die Fingerspitzen den tiefsten Punkt der Hand darstellen.
- *Pitta* ist das mittlere Dosha und folglich dem Oberbauch zugeordnet. In ihm wirken die Elemente Feuer und Wasser. Pitta gilt als eine unbeständige, leicht veränderliche Kraft. Stoffwechsel, Umwandlungsprozesse und formendes Geschehen sind auf seinen Einfluß zurückzuführen. In diesem Zusammenhang gilt es auch als regelnder Impulsgeber für das gesamte Nervensystem. An den Fingern wird das Mittelglied, als Moment der Wandlung, Pitta gleichgesetzt.
- *Kapha* ist auf den Körper bezogen und höchste Dosha und wird der Brust zugeordnet. Es formt sich aus den beiden Elementen Wasser und Erde. Dieses Dosha verweist als dichte Kraft auf Beständigkeit und Körperhaftigkeit. Dementsprechend werden ihm aufbauende und

sich entfaltende Energien zugesprochen. So kann sich etwa ein Zuviel an Kapha in Form von Fettleibigkeit bemerkbar machen. Auf die Finger übertragen wirkt Kapha im Unterglied als beharrende Kraft.

Ein leichtes Ungleichgewicht der drei Doshas, was im allgemeinen einer unbestimmten Eintrübung unseres Wohlbefindens gleichkommt, läßt sich meist durch das einfache Siegel der *Drei-Doshamudra* regulieren. Hierzu halten Sie in der rechten Hand die Spitzen von Daumen, Mittel- und kleinem Finger zusammen, Zeige- und Ringfinger strecken Sie ab. In der linken Hand gruppieren Sie indes alle vier Fingerspitzen um die Daumenspitze. Diese Handhaltung wird auch Lotosknospe oder *Mukulamudra* genannt. Die Drei-Doshamudra formen Sie zunächst sechs Atemzüge lang nur beim Einatmen, beim Ausatmen lösen Sie sie wieder. Danach pausieren Sie sechs Atemzüge lang und formen darauf die Mudra, um sie 30 Atemzüge lang geschlossen zu halten. Abschließend besiegeln Sie die erfolgte Harmonisierung mit der *Mabasmamudra,* indem Sie die linke Hand so formen, als wollten Sie mit ihr Wasser schöpfen. Alsdann lassen Sie den Ringfinger der rechten Hand in einem knapp daumenbreitem Abstand über Ihrem linken Handchakra hin- und herpendeln. Führen Sie diese Bewegung über sechs Atemzüge lang durch. Die übrigen Finger Ihrer rechten Hand halten Sie dabei leicht gestreckt.

Betrachten wir eine unter dem dargelegten Aspekt der Chakrenkräfte geformte Prana-Apanamudra, so wird diese ähnlich der nach Gesichtspunkten des Shingon geformten Mudra durch die spirituelle Kraft der aufliegenden Daumen dominiert. Allerdings ist hier der Daumen nicht von Erkenntnis spendenden Kräften durchwirkt, sondern von der ordnenden Kraft objektiver Sichtweise.

In der rechten Hand, mit der die Pranamudra geformt wird, ist mit den Elementen Wasser und Erde das Dosha Kapha angeregt. Andererseits wird dieses Dosha durch die Berührung der Fingerspitzen auf die Vata-Ebene gehoben. Somit verleihen wir dem angestoßenen Reinigungsprozeß per Kapha zwar Festigkeit, lenken aber das Geschehen im wesentlichen in den feinstofflichen Bereich. Hierdurch werden die mit der Schattenseite unserer Psyche stärker verbundenen Eigenschaften des Triebes und der Subjektivität lichter und uns folglich

Die Chakrenkräfte in der Übersicht

	Chakra	Element	Eigenschaft
Daumen	Manipurachakra (Nabelchakra)	Feuer (Reibung)	Objektivität, Persönlichkeitsbildung
Zeigefinger	Anahatachakra (Herzchakra)	Wind (Bewegung)	Kommunikation, Mitleidsfähigkeit
Mittelfinger	Vishuddachakra (Halschakra)	Äther (weiblich)	Geisteskraft, Selbsterkenntnis
Ringfinger	Muladharachakra (Wurzelchakra)	Erde (Verfestigung)	Triebkraft, Selbstbehauptung
kleiner Finger	Svadhistanachakra (Sexualchakra)	Wasser (Verflüssigung)	Subjektivität, Beziehungsfähigkeit

Die drei Doshas:
oberes Fingerglied: Vata (Psyche) Äther und Wind
mittleres Fingerglied: Pitta (Wandel) Feuer und Wasser
unteres Fingerglied: Kapha (Ausdauer) Wasser und Erde

auch bewußter. Mit dem gestreckten Zeige- und Mittelfinger unterstützen wir diese spirituelle Klärung durch das gelöste und hintergründige Wirken von Äther und Wind in Form von Vata. In dieser Weise bezeugen wir durch die Pranamudra unser Menschsein als Wesen an der Grenzlinie, an der sich Himmel und Erde berühren.

Bei der mit der linken Hand gehaltenen Apanamudra, durch die der reinigende Energiefluß austritt, wird kein Dosha angeregt. Dafür wiederholt sich hier die beobachtete Gespanntheit durch die Verbindung des Vishuddachakras und die Muladharachakras. Geistige und körperhafte Blockaden können hierdurch im gewollten Sinne gelöst und abgelenkt werden, wobei das Geschehen durch die Kraft des Daumens weniger aus einem gewollten als aus einem übergeordneten Impuls heraus gelenkt wird. Ergänzend hierzu verweisen die beiden gestreckten Finger durch ihr hintergründiges Wirken auf eine persönliche Gelöstheit, mit der wir den reinigenden Wandel dulden.

Zum Abschluß dieser Betrachtung sei noch mit der *Mudra der Elemente* eine einfache Handhaltung erwähnt, durch die Sie die Kraft der einzelnen Elemente positiv wie negativ stimulieren können. Wollen Sie die Wirkweise eines Elementes im Körper anheben, so drücken Sie die Daumenspitze Ihrer rechten Hand leicht gegen die entsprechende Fingerwurzel der linken Hand. Um etwa das Element Wind anzuregen, halten Sie den Daumen knapp unter dem Zeigefinger gegen den Fingerberg in Ihrer Handfläche. Falls Sie hingegen ein Element reduzieren wollen, halten Sie die Fingerspitze des fraglichen Fingers der linken Hand gegen den Daumenballen der rechten Hand. Hierzu führen Sie den Finger von oben zwischen die Speiche von Daumen und Zeigefinger zum Daumenballen. Den auf diese Weise aufliegenden Finger umschließen Sie mit dem Daumen und üben auf ihn einen leichten Druck aus. Diese Mudra sechsmal hintereinander in Minutenabständen Druck und Pause wechselnd durchgeführt, wirkt durchgreifend belebend respektive beruhigend auf die jeweiligen mit dem Element verknüpften Eigenschaften unserer Psyche.

Die Meridiane als Fixpunkte körperhafter Mudras

Die Körpermeridiane als Grundlage der Akupunktur gelten gemeinhin als das Gerüst der chinesischen Medizin, obwohl sie dort nur einen Aspekt des Menschenbildes und der Therapie ausmachen. Andererseits ist die Vorstellung von Meridianen als Energieleitkanälen auch bei anderen heilkundlichen Modellen, beispielsweise im Ayurveda oder der Reflexzonentherapie, Grundlage der Behandlung, wobei es bei diesen Systemen neben Übereinstimmungen auch grundlegende Abweichungen bezüglich des Verlaufs und der Wirkweise der Meridiane gibt. Für die Betrachtung der Hand und der Mudras eignet sich vor allem das Modell der Meridiane wie es in der chinesischen Medizin beschrieben wird. Allerdings ist dieses Modell als Grundlage für die Formung von körperhaften, also medizinisch-therapeutischen Mudras nicht direkt übertragbar. So sind zum einen die auf den Händen liegenden Akupunkturpunkte allein aus mechanischen Gründen für die Formung einer greifbaren Mudra denkbar ungeeignet, da sie überwiegend im unteren Bereich der Hand und auf den Handrücken liegen und sich somit einer Eigenmanipulation nach den Gesichtspunkten einer Mudra entziehen. Zum anderen verlaufen nach dem chinesischen Modell nur sechs der zwölf Hauptmeridiane über die Hände, so daß demnach nur die Hälfte der möglichene Befindlichkeiten therapeutisch angegangen werden könnte. Diese Problematik spiegelt sich auch in der Tatsache wider, daß es in der chinesischen Medizin kein Konzept zur Entwicklung von Heilmudras gibt. Gleichwohl sind Heilmudras in China nicht unbekannt. Ihre Ausformung ähnelt jedoch eher den hier vorgestellten Fingerspielen (siehe Seite 80). Die Grundlagen, nach denen sie geformt werden, sind dabei den Erkenntnissen des Qigong entlehnt, wobei die Entwicklung dieser Heilmudras eher empirisch als systematisch betrieben wurde. Trotzdem kann das diagnostische respektive therapeutische Konzept der Meridiane zur Ausformung von Heilmudras mit einbezogen werden. Hilfreicher ist hierbei allerdings das auf den Vorstellungen der chinesischen Medizin fußende Shiatsu.

Shiatsu bedeutet dem Wortsinn nach »Fingerdruck«. Es ist eine japanische Massagetechnik, die als Therapie dem Bereich der ganzheitlichen Medizin zugeordnet werden kann. Die Shiatsumassage entstand im 19. Jahrhundert aus verschiedenen Elementen chinesischer Massagetechniken. Einige Schulen des Shiatsu beziehen in ihre Behandlungsmethoden auch die Meridiane ein, auf die mittels Druck und Dehnung eingewirkt wird. Dabei werden im Gegensatz zur chinesischen Darlegung die Meridiane als ein grundsätzlich über den gesamten Körper ausgedehntes Energieleitsystem betrachtet. Diese Differenz läßt sich dadurch erklären, daß bei der chinesischen Therapie die Meridiane im wesentlichen als »Linien« aufgefaßt werden, auf denen die behandlungsrelevanten Akupunkturpunkte liegen, wobei hier jeweils sechs der Hauptmeridiane über die Arme und Hände sowie über Füße und Beine laufen. Die Strecken dieser Meridiane in der jeweils gegenüberliegenden Körperzone, die keine Behandlungspunkte aufweisen, finden unter diesem Gesichtspunkt auch keine Erwähnung. Im Shiatsu freilich, das auf den ganzen Körper einwirkt und bei dem deshalb weniger die Pressurpunkte als die ganzen Bahnen massiert werden, sind auch jene Strecken wesentlich, die in der chinesischen Medizin ausgeblendet werden. Folglich enden beziehungsweise beginnen alle zwölf Hauptmeridiane an den Füßen und Händen. Womit wir ein Modell zur Hand haben, das eine weitere Grundlage zur Formung von Mudras liefern kann.

Die Meridiane gelten als jene Leitbahnen, durch die das Qi, die Lebensenergie, fließt. Der Begriff des Qi entspringt der chinesischen Mystik, ähnlich der Vorstellung von Prana als Lebensodem in der Weltsicht des Hinduismus. Auch das Qi wandelt sich im Körper in verschiedene aufeinanderbezogene Wirkungszustände, wobei für die Anwendung von Mudras ein übergeordnetes System, nämlich die Vorstellung von Yin und Yang, maßgeblich ist, in die auch das Qi eingebunden wird. Yin und Yang stellen grundsätzlich zwei sich gegenseitig bedingende weltenschöpfende Kräfte dar. Yin ist dabei die stoffliche, struktive, materielle Kraft, die als das der Erde und dem Mond unterworfene weibliche Prinzip gilt. Demgegenüber steht das aktive, bewegende und dynamische Yang. Es wird als männliches Prinzip durch Himmel und Sonne versinnbildlicht. Die Kraft des Qi, die sich gewissermaßen im Spannungsfeld zwischen Yin und Yang manifestiert, führt zur Welt der Erscheinungen. Und somit steht auch der Mensch als Erscheinung am Horizont gespannt zwischen Himmel und Erde, zwischen Yin und Yang.

Das Gesetz von Yin und Yang setzt sich im Körper fort und findet seinen wirkenden Austausch über die Meridiane. Stehen Yin und Yang in einem relativen, dem Charakter des Wesens entsprechenden Gleichgewicht zueinander, herrscht gesunde Harmonie. Gerät dieses gegebene Gleichgewicht in Unordnung, tritt eine Phase der Wandlung oder des Zerfalls ein, die so lange anhält, bis entweder das ursprüngliche Gleichgewicht wieder hergestellt wurde oder sich ein neuer stabiler Zustand einpendelt. In diesem Sinne ist das Wirken von Yin und Yang ein zeitloses Wechselspiel von Aufbau, Bestand und Niedergang. Dieses Wechselspiel findet auch in der Qualität der Qi-Kraft der Meridiane seine Entsprechung, manchmal ist der Anteil von Yin, manchmal der Anteil von Yang höher und manchmal sind beide Kräfte gleich gewichtet. Im unten abgebildeten Fuchi-Zeichen ist das Prinzip dieser Gewichtungen dargestellt, das auf einer Dreiteilung des Kreises basiert. Diese Dreiteilung ist eine sinnbildliche Übertragung der Dreigliedrigkeit des Menschen, die nicht nur an unseren Extremitäten, sondern an unserer gesamten Gestalt – Kopf, Rumpf, Beine – ablesbar ist.

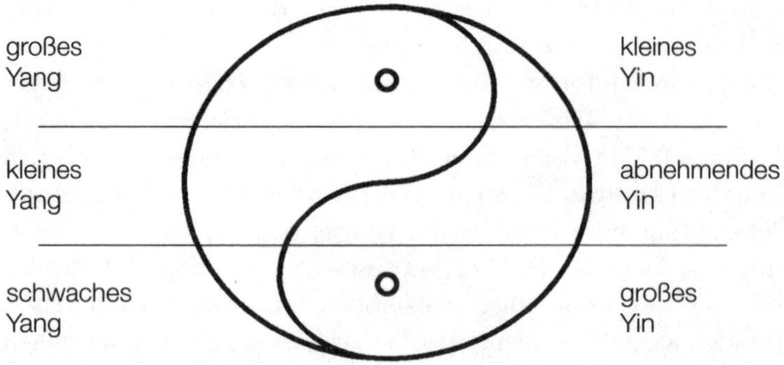

Die sich hieraus ergebenden Energiezustände stehen auf jeder der drei Ebenen in einem sich gegenseitig bedingenden Gleichgewichtsverhältnis, wodurch die schöpferische Dynamik erhalten bleibt. Da das Fuchi-Zeichen von unten nach oben zu deuten ist, ergibt sich folgende bildhafte Erklärung für die einzelnen Ebenen:

- Auf der unteren Ebene ist Yin am kräftigsten und Yang am schwächsten. Das hier wirkende Yang wird auch als Mondschein-Yang bezeichnet, da es als ein Reflex der auf den Mond gerichteten Sonnenstrahlen gedeutet wird.
- Auf der mittleren Ebene erscheinen beide Kräfte gleich stark. Dennoch ist das sich nach oben verringernde Yin schon in seiner abnehmenden Phase, weshalb es auch so bezeichnet wird.
- Die obere Ebene entspricht spiegelbildlich der untersten Ebene; dementsprechend mag man das kleine Yin auch als den müden Mond bei Tageslicht betrachten.

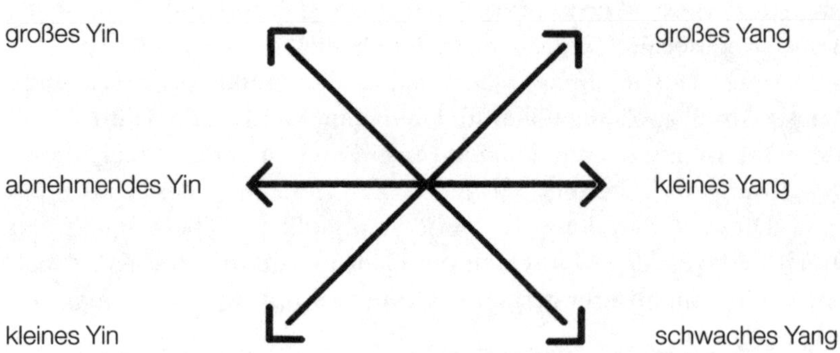

Stellt man die einzelnen Kräfte der jeweiligen Ebenen gemäß ihrer Stärke einander gegenüber, ergibt sich obiges Bild der paarigen Energiezustände. Ungleichgewichte in den Meridianen sind dementsprechend am ehesten durch den ihnen jeweils gegensätzlichen Energiezustand aufzuheben. Dieser Grundsatz ist auch maßgeblich für die Formung einer Heilmudra. Daneben hat der Daumen eine grundsätzliche Katalysatorfunktion, so daß er als Medium der Stimulanz generell bei der Gestaltung einer Mudra nach diesen Gesichtspunkten berücksichtigt werden kann. Ergänzend kann man noch die Längsteilung des Körpers in linke Yang-Hälfte und rechte Yin-Hälfte in bezug auf die Hände beachten.

Einem jeden der sechs dargestellten Energiezustände sind jeweils zwei der zwölf Hauptmeridiane zugeordnet, die nachstehend in ihrer grundsätzlichen Funktion und mit Nennung ihrer End- beziehungsweise Ausgangspunkte an den einzelnen Fingern stichpunktartig beschrieben werden. Darüber hinaus bilden jeweils zwei sich energetisch ergänzende Leitbahnen eine sich wechselseitige bedingende Paarung, die wie zuvor erwähnt für die Formung einer Mudra Priorität hat. Dieser Paarung wird bei der Beschreibung durch die Zusammenfassung der sich jeweils ergänzenden Meridiane gleichfalls Rechnung getragen.

1a Leitbahn »Lunge«:

Großes Yin
Eigenschaft = rhythmische Ordnung, Energie von außen aufnehmen (Luft, Licht u.ä.), erworbene Konstitution erhalten, Abwehrkraft, Verteilung und energetische Aufladung der Körpersäfte, Kummer.
Körperlicher Bezug = Lunge, Haut, Haare, Nase, Geruchssinn.
Störungen = Husten, Atemnot, Kurzatmigkeit, Schweißanfälle, grippale Infekte, Niesreiz, Schmerzen, trockener Mund, rauher Hals, Sensibilitätsstörungen, Hautreizungen, Schulterschmerzen.
Finger = Daumen Außenseite.

1b Leitbahn »Dickdarm«:

Schwaches Yang
Eigenschaft =Verwandlung und Weiterführung der Nahrung.
Körperlicher Bezug =Dickdarm, Rektum.
Störungen = Halsschwellungen, Angina, Heiserkeit, Schnupfen, Zahnschmerz, Spannungsgefühl im Brustraum, Steifheit, Durchfälle, Blasenschwäche, Hämorrhoiden.
Finger = Zeigefinger zur Daumenseite hin.

2a Leitbahn »Milz« (Mitte):

Großes Yin
Eigenschaft = Trennung von Klarem und Trübem in bezug auf »Säfte«, Nahrung sowie auf alle äußeren Einflüsse geistiger und stofflicher Art. Assimilation, Integration und Ausscheidung, trocken.
Körperlicher Bezug = Milz, körperliche und seelische Verfassung, Widerstandskraft, Stoffwechsel, Gefäßsystem, Gewebe, Lippen, Mund, Geschmacksfähigkeit.
Störungen = Schmerzen, Sensibilitätsstörungen, Störungen der Motorik, Hautreizungen, Abgespanntheit, Magenschmerzen, Brechreiz, Appetitlosigkeit, unregelmäßiger Stuhl, Schmerzen im Genital, kalte Extremitäten.
Finger = Zeigefinger zur Mittelfingerseite hin.

2b Leitbahn »Magen«:

Schwaches Yang
Eigenschaft = Nahrungsaufnahme, Bereitstellung des »Säftepotentials«, trübe Säfte nach unten ausscheidend, feucht.
Körperlicher Bezug = Magen, Zungenbelag.
Störungen = Leibschmerzen, Unterbauchkoliken, Magengrimmen, Niesen, Schüttelfrost, Störungen der Motorik und Sensibilität.
Finger = Ringfinger zur kleinen Fingerseite hin.

3a Leitbahn »Herzbeutel« (Herzkonstriktor):

Abnehmendes Yin
Eigenschaft = Lust und Freude, entspricht zusammen mit seiner Komplementärleitbahn »Dreifacher Erwärmer« weitgehend den Funktionskreisen Herz und Dünndarm.
Körperlicher Bezug = Herzbeutel.
Störungen = Herzklopfen, manisches Verhalten, Melancholie, Schlaflosigkeit, Schweißausbrüche, Angstzustände.
Finger = Mittelfinger zur Ringfingerseite hin.

3b Leitbahn »Dreifacher Erwärmer«:

Kleines Yang
Eigenschaft = Regulation des »Säfteumlaufes«.
Körperlicher Bezug = Lymphsystem.
Störungen = diffuse Schmerzen, Störungen der Motorik und Sensibilität, Ohrenschmerzen, Schwellungen der Wangen, Beeinträchtigung des Hörens.
Finger = Ringfinger zur Mittelfingerseite hin.

4a Leitbahn »Leber«:

Abnehmendes Yin
Eigenschaft = Antrieb, Dynamik, Überlegungen und Entscheidungen.
Körperlicher Bezug = Leber, aktiver Bewegungsapparat, Muskeln, Sehnen sowie Augen.
Störungen = Unter- und Oberbauch, Hals, Kehle und Kopfbereich.
Finger = Ringfinger Mitte.

4b Leitbahn »Gallenblase«:

Kleines Yang
Körperlicher Bezug = Galle.
Störungen = Beklemmungsgefühle, Übelkeit, Sehstörungen, Schwindel, Benommenheit, Reizbarkeit, Schläfenkopfschmerz, Ohrgeräusch.
Finger = Mittelfinger zur Zeigefingerseite hin.

5a Leitbahn »Herz«:

Kleines Yin
Eigenschaft = Nach außen gerichtete Kräfte, Schlaf.
Körperlicher Bezug = Herz, Gesicht, das Leitbahnsystem als ganzes, Ohren.
Störungen = energetische Schwäche, Herzklopfen, nächtliches Schwitzen, Müdigkeit, Entzündungen der Mundschleimhäute.
Finger = kleiner Finger zur Ringfingerseite hin.

5b Leitbahn »Dünndarm«:

Großes Yang
Eigenschaft = Umformung aufgenommener Energie.
Körperlicher Bezug = Dünndarm.
Störungen = energetische Schwäche, Unterbauchschmerz, Darmgeräusche und Blähungen, Völlegefühl, Bläschen im Mund.
Finger = kleiner Finger Außenseite.

6a Leitbahn »Nieren«:

Kleines Yin
Eigenschaft = angeborene Konstitution bewahrend, Potenzierung von Kraft, Gedächtnisleistungen, Willenskraft, Wasserverteilung.
Körperlicher Bezug = Nieren, Fortpflanzungsorgane, Mark, Knochen, Zähne, festes Gewebe, Nerven, Ohren, Gehör, Ausscheidungsorgane, Furcht.
Störungen = Leistenschmerz, Urinverhalt, nervöse Krämpfe, häufiges Wasserlassen, Ischialgien, Kopfschmerz, Benommenheit, Vergeßlichkeit, Taubheit, nächtliches Schwitzen.
Finger = Ringfinger unterhalb der Fingerwurzel.

6b Leitbahn »Blase«:

Großes Yang
Eigenschaft = Sammlung und Lagerung aktiver und aufbauender »Säfte«, Ausscheiden von Überschüssen.
Körperlicher Bezug = Blase, Augenhöhlen.
Störungen = Probleme beim Wasserlassen, Schnupfen, Nasenbluten, Kopfschmerz, Wirbelsäulenschmerzen, geschwollene Füße und Beine, Rückenverspannungen.
Finger = Mittelfinger unterhalb der Fingerwurzel.

Bei der Formung einer Heilmudra nach dem energetischen Konzept der Meridiane kommt ergänzend zu dem komplementären und paarigen Bezug noch eine weitere Bezogenheit hinzu, die als Übergang des Qi von einem Zustand in einen anderen betrachtet wird. Hierbei dominiert stets ein Meridian einen anderen, wodurch sich folgende in sich geschlossene Kette der Beeinflussung ergibt:

Lunge > Dickdarm > Magen > Milz > Herz > Dünndarm > Blase > Nieren > Herzbeutel > Dreifacher Erwärmer > Gallenblase > Leber > Lunge.

Wollen Sie beispielsweise nach diesen Grundlagen ergänzend zu einer verordneten Therapie eine Mudra formen, weil Sie Probleme beim Wasserlassen haben, so werden Sie Ihre Aufmerksamkeit zunächst auf den Bezugspunkt des Blasenmeridians an Ihrer Mittelfingerwurzel lenken. Dieser Bezugspunkt birgt »großes Yang«, sein Komplementärmeridian ist der Nierenmeridian. Sein Bezugspunkt liegt an der Ringfingerwurzel. Da Sie beide Bezugspunkte nicht direkt zueinander manipulieren können, sollten Sie den Dünndarmmeridian als dominierenden Meridian zum Blasenmeridian und das »kleine Yin« des Herzmeridians in ihre Betrachtung einbeziehen. Beide Meridiane liegen an den kleinen Fingern. Demzufolge legen Sie den kleinen Finger der rechten Hand, der Yin-Hand, mit seiner Außenseite auf die Fingerwurzeln von Mittel- und Ringfinger der linken Hand, der Yang-Hand. Hierdurch positionieren Sie den dominierenden Dünndarmmeridian über dem Bezugspunkt Blasenmeridian. Mit dem kleinen Finger der linken Hand umfassen Sie darauf das untere Fingerglied des aufgelegten Fin-

Übersicht der Meridiane zur Formung einer Mudra

Meridian	Energie	Finger	Fingerseite	Komplementärmeridian	dominierender Meridian
Lunge	großes Yin	Daumen	außen	Dickdarm	Leber
Dickdarm	schwaches Yin	Zeigefinger	Daumen	Lunge	Lunge
Milz	großes Yin	Zeigefinger	Mittelfinger	Magen	Magen
Magen	schwaches Yang	Ringfinger	kl. Finger	Milz	Dickdarm
Herzbeutel	abnehmendes Yin	Mittelfinger	Ringfinger	dreifacher Erwärmer	Nieren
dreifacher Erwärmer	kleines Yang	Ringfinger	Mittelfinger	Herzbeutel	Herzbeutel
Leber	abnehmendes Ying	Ringfinger	Mitte	Gallenblase	Gallenblase
Gallenblase	kleines Yang	Mittelfinger	Zeigefinger	Leber	dreifacher Erwärmer
Herz	kleines Yin	kl. Finger	Ringfinger	Dünndarm	Milz
Dünndarm	großes Yang	kl. Finger	außen	Herz	Herz
Nieren	kleines Yin	Ringfinger	Wurzel	Blase	Blase
Blase	großes Yang	Mittelfinger	Wurzel	Nieren	Dünndarm

Gleichgewichtsverhältnis der Yin-Yang-Kräfte:
Großes Yin < > schwaches Yang
abnehmendes Yin < > kleines Yang
kleines Yin < > großes Yang

Körperzuordnung der Fingerglieder
Oberes Fingerglied: Kopf, Brust, Oberarm, Oberschenkel
mittleres Fingerglied: Rumpf, Oberbauch, Unterarm, Unterschenkel
unteres Fingerglied: Beine, Unterleib, Hand

gers, das für den unteren Bereich des Rumpfes steht. Dadurch lenken Sie die Kraft des kleinen Yin in die betroffene Körperregion. Mit dieser *Blasenmudra* haben Sie eine energetische Mudra geformt, die einen entsprechenden Ausgleich zwischen den gestörten Kräften bewirkt.

Die Verknüpfung der wirkenden Kräfte

Zur Formung einer Mudra können Sie aufgrund der vorgetragenen Erläuterungen auf folgende vier verschiedenen Konzepte zurückgreifen

- Cheirosophische Grundlagen
- Grundlagen des Shingon
- Chakrengrundlagen
- Grundlagen nach Meridianen

und sich dementsprechend unterschiedliche Räume respektive Wirkungsebenen erschließen. Auf den ersten Blick scheinen diese vier Konzepte, nach denen sich eine Mudra formen läßt, miteinander nicht vereinbar, was allerdings nur teilweise zutrifft. Denn die Kräfte der drei erstgenannten Konzepte wirken auf eine hintergründige Art zusammen. Lediglich das Konzept der Meridiane, das sich ausschließlich auf den stofflichen Körper bezieht, steht für sich. Folglich bleibt eine ausschließlich nach diesem Konzept geformte Mudra auch auf ihren energetischen Ausdruck beschränkt, während eine nach einem der drei verbundenen Konzepte geformte Mudra auch Kräfte der jeweils anderen beiden energetischen Erscheinungen mit sich trägt. Mögen diese Kräfte dabei auch nicht in den Vordergrund treten und als wirkend empfunden werden, so wirken sie dennoch in subtiler Weise im Hintergrund. Von daher ist eine hiernach geformte Mudra energetisch gesehen komplexer, als eine Mudra, die allein nach den Grundlagen der Meridiane geformt wurde.

Auf den Wirkungszusammenhang durch die Gegensätzlichkeit des Fingersinns der cheirosophischen und buddhistischen Betrachtung der Hand wurde bereits hingewiesen. Diese Gegensätzlichkeit würde sich auch in der Verteilung der Elemente widerspiegeln, sofern man nach Lesart der Cheirosophie betrachteten Fingern einzelne Elemente zuordnen würde. Hingegen scheint sich die Lokalisation der Elemente an den Fingern entsprechend dem Chakrenkonzept einem sinnvollen Gleichgewicht zu widersetzen. Zur Übersicht nachstehend die den Fingern zuordenbaren Elemente der drei Energiemodelle in tabellarischer Zusammenfassung:

	Daumen	**Zeigefinger**	**Mittelfinger**	**Ringfinger**	**kleiner Finger**
Cheirosophie	Erde	Wasser	Feuer	Luft	Äther
Shingon	Äther	Luft	Feuer	Wasser	Erde
Chakren	Feuer	Wind	Äther	Erde	Wasser

Das verbindende Moment, durch das sich auch das Chakrenenergiemodell als ein mit den beiden anderen Modellen in Austausch stehendes System zu erkennen gibt, erschließt sich, sobald man die gegensätzliche Wechselbeziehung der einzelnen Chakren betrachtet. Zu einer solchen Betrachtung wurde ich durch meine Grundlagenforschung am Institut für Hochfrequenz-Fotografie angeregt. Bei unseren dortigen Versuchen stellten wir fest, daß sich die typischen Auswirkungen angeregter Chakren auf dem Bildträger gelegentlich an anderen Fingern manifestierten. Da diese Unstimmigkeiten jedoch in sich wiederum systematisch waren, konnten sie nicht mit der Befindlichkeit der jeweiligen Versuchsperson erklärt werden. Erst nachdem wir bei unseren Überlegungen die gegensätzlichen Wechselbeziehungen der Chakren mit ihrer numerischen Benennung auf einem Blatt Papier festhielten, fanden wir des Rätsels Lösung. Damit erschloß sich uns auch das Geheimnis, warum nach den Modellen des Shingon und der Cheirosophie geformte Mudras von überwiegend spiritueller Wirkweise sind. Dieses Geheimnis mußte auch den Tantrikern des Yoga und des esoterischen Buddhismus bekannt gewesen sein, die vor Jahrhunderten die bis heute tradierten Mudras formten und die mit diesem Instrument im wahren Sinne des Wortes einen wirksamen Schlüssel zu den Sphären der Transzendenz in ihren Händen hielten.

Bei der von uns festgeschriebenen Gegensätzlichkeit der Chakrenkräfte gingen wir von einer zirkulären Opposition der Chakren zueinander aus. Wobei wir uns ausschließlich auf die Bewußtseinsaspekte der Chakren konzentrierten. Demnach bildet das Manipurachakra (3) mit seiner ordnenden Kraft den Widerpart zur erdhaften Kraft des Muladharachakras (1). Den Gegensatz zum Manipurachakra formt das Vishuddachakra (5), in dem diese aus der Welt der Erscheinung abgeleitete Ordnung überwunden wird. Ihm entgegen steht wiederum das Svadhistanachakra (2) mit seiner subjektiven Kraft, das seinerseits durch das Anahatachakra (4) mit seiner Hochherzigkeit kontrastiert wird. Der Kreis schließt sich alsdann mit dem ihm gegensätzlichen Muladharachakra. Die angewandte numerische Verteilung entspricht der herkömmlichen Lesart, bei der die Reihenfolge der Chakren von unten nach oben beziffert wird. Übertragen wir die festgelegten Gegensätzlickeiten in ein Pentagramm, ergibt sich folgendes Bild, wobei die Punkte die Laufrichtung anzeigen:

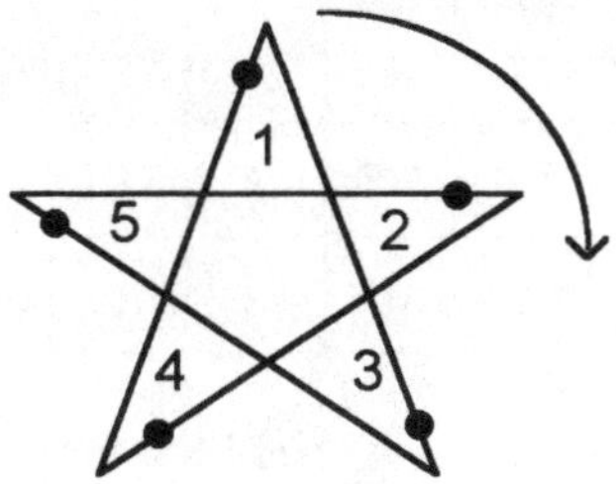

Auffällig an diesem Pentagramm ist, daß sich vom Außenkreis her gesehen die Chakren in numerischer Reihenfolge gliedern. Diese Auffälligkeit ließ uns eine Gesetzmäßigkeit vermuten, zumal wir feststellten, daß die von uns postulierten zirkulären Gegensätzlichkeiten der Chakren sich ihrerseits in den Außenkreisen der Räder der ayurvedischen Medizin wiederholten und im besonderen im Rad der Unterstützung eine oppositäre Entsprechung fanden. Hiernach unterstützen sich die Elemente und somit die Chakren wie folgt: Erde (1) > Wind (4) > Wasser (2) > Äther (5) > Feuer (3) > Erde (1).

Um die erkannte Gesetzmäßigkeit mit unseren Beobachtungen in Einklang zu bringen, übertrugen wir die Gegensätzlichkeiten in eine Tabelle und schrieben sie so lange fort, bis sie sich wiederholten.

Denn, so war unsere Überlegung, die von uns beobachteten systematischen Abweichungen auf den Bildern, mußten verschiedene Sphären der Bewußtheit aufzeigen. Ausgangspunkt unserer Notation war die den Fingern zugewiesene ayurvedische Chakrenverteilung. In dieser Weise konnten wir fünf Sphären entsprechend den feinstofflichen Prinzipien der Aura (siehe Seite 101) aufzeigen, wobei wir die ayurvedische Chakrenverteilung aufgrund des uns vorliegenden Bildmaterials zweifelsfrei als Ausdruck der mentalen Sphäre bestimmen konnten.

Nachstehend die Tabelle auf der Basis der postulierten Chakren-Gegensätzlichkeiten. Die Ziffern verweisen auf die jeweiligen Chakren, die Fingerbezeichnungen sind abgekürzt (ZF = Zeigefinger).

Finger	D	ZF	MF	RF	KF	
Transz. Ebene	4	5	1	2	3	
Kausalkörper	1	2	3	4	5	**Cheirosophie**
Mentalkörper	3	4	5	1	2	**Ayurveda**
Ätherkörper	5	1	2	3	4	
fester Körper	2	3	4	5	1	

Die solchermaßen erhaltene Aufschlüsselung erklärt zugleich das hintergründige Zusammenwirken der drei in Betracht gezogenen Prinzipien, nach denen eine Mudra geformt werden kann. Wobei die beiden hervorgehobenen Ebenen in der Tabelle den eigentlichen Schlüssel hierfür liefern. Die anderen aufgezeigten Ebenen sind nur der Vollständigkeit halber angeführt, sie an dieser Stelle auszudeuten, würde diese Abhandlung nur unnötig überfrachten. Insgesamt erhellt diese Tabelle jedoch, daß die Chakrenkräfte auf verschiedenen Ebenen jeweils andersgelagerte Impulse setzen.

Klar erkennbar ist, daß sich durch die übertragenen Gegensätzlichkeiten eine dem cheirosophischen Fingersinn entsprechende Chakrenverteilung über dem ayurvedischen Energiemodell aufbaut, entspricht doch diese Überlagerung ihrerseits dem wirkenden Impuls bei der Formung einer Mudra nach cheirosophischen Gesichtspunkten.

Und da die hier aufgezeigte transzendente Ebene eher ein theoretisches Ideal als einen uns zugänglichen Raum beschreibt, erfährt die Gegensätzlichkeit des buddhistischen zum cheirosophischen Fingersinn ein weiteres Mal sinnhafte Bestätigung. Schließlich sind die Mudras des Shingon erfahrbar spiritueller Natur und stellen sich somit als die erhöhende Gegensätzlichkeit zum cheirosophischen Fingersinn dar. Übertragen wir sie in diesem Sinne in das vorliegende Raster (siehe unten), so beschreiben wir damit entsprechend ihrer Wirklichkeit einen Moment transzendenter Kommunikation. Gleichzeitig erhalten wir eine Gliederung, durch die uns das Zusammenwirken dieser drei Sphären verständlich wird. – Wobei auch hier das gilt, für was die Mudra insgesamt steht, nämlich daß das mit Worten Beschriebene nur ein Abbild, aber nicht das Eigentliche darstellt. In diesem Sinne bleibt uns nur die Praxis der Mudra, das heißt, eine Mudra zu formen und durch sie in stille Zwiesprache mit dem Zeitlosen zu treten.

Finger	**D**	**ZF**	**MF**	**RF**	**KF**	
Transz. Kommunikation	5	4	3	2	1	**Shingon**
Kausalkörper	1	2	3	4	5	**Cheirosophie**
Mentalkörper	3	4	5	1	2	**Ayurveda**

Mudras in der Praxis

Mit der Mudra steht uns ein Instrument zur Verfügung, mit dem wir auf einfache und wenig Zeit beanspruchende Weise wirksame Impulse setzen können, durch die wir Leib und Seele anhaltend beleben. Freilich ersetzt eine Mudra bei akuten Störungen keine Therapie. Sie kann jedoch therapiebegleitend Linderung herbeiführen und Gesundung beflügeln. Regelmäßig angewendet wirken Mudras stabilisierend und vorbeugend. Hier sind es vor allem spirituelle Mudras, die auf tiefgründige und wandelnde Weise in unser Wesen eingreifen und uns so ganz allmählich eine unserer Wesenhaftigkeit gemäße Lebensführung ermöglichen. In dieser Form wird die Mudra zum Weg, auf dem wir uns jenen Raum erschließen, in dem wir uns als heile Wesen wiedererkennen mögen. Im Gegensatz zu rationalen und analytischen Entscheidungen führen wir durch die Mudra einen sanften und uns selbstverständlichen Wandel herbei, an dem wir in einer uns gerechten Weise wachsen und reifen. Daneben können wir Mudras bewußt verwenden, um Begebenheiten des Alltages leichter zu bewältigen. So habe ich beispielsweise einige Mudras entwickelt, durch die ich von Fall zu Fall in spezieller Weise Kraft schöpfe. So forme ich etwa ganz eigene auf mich und die äußeren Umstände abgestimmte Mudras vor schwierigen Vertragsverhandlungen oder um mich auf anspruchsvolle Recherchen zu konzentrieren. Bei diesen persönlichen Siegeln handelt es sich um Abwandlungen bestehender Mudras, die ich im Hinblick auf meine Person verändert habe. In sinnverwandter Weise habe ich eine komplexe Mudra aus verschiedenen Einzelmudras zusammengestellt, mit der ich meine allmorgendliche Meditation begleite.

In gleicher Weise können auch Sie aus gegebenen Mudras für Ihre persönlichen Belange ein Siegel formen. Hierbei geben Ihnen die dargelegten Prinzipien der Mudras den Weg zur wirkenden Gestalt vor. Ebenso können Sie sich, sofern Sie sich die notwendige Sensibilität für die gestaltenden Kräfte angeeignet haben, mit Ihren Händen auch zur Form einer Mudra leiten lassen. Solcherart intuitiv geformte Mudras formen sich in einer gewissen Weise von selbst, sobald Sie sich in die

Gegebenheit und in die hieraus bedingte Notwendigkeit hineinfühlen. Je klarer Sie dabei die Spannung zwischen dem Was-Ist und dem Was-sein-Sollte empfinden, um so deutlicher werden Sie dabei die Bezugspunkte in Ihrer Hand spüren – häufig ist es ein merkliches Ziehen –, die entsprechend der Aufgabe miteinander verbunden werden »wollen«. Haben Sie in dieser Manier zu einer Mudra gefunden, sollten Sie sie halten und dabei auf den Widerhall in Ihrem Inneren achten. Sie werden dabei den Raum wahrnehmen, der sich Ihnen durch die Mudra eröffnet. Deckt sich diese Empfindung mit Ihrer Forderung, was sich meist dadurch kundtut, daß sich die zuvor empfundene Spannung in Weite wandelt, so haben Sie die passende Mudra gefunden. Haben Sie indes das Gefühl, daß die Mudra Ihrem Anspruch nicht genügt, sollten Sie die »Suche« von vorne beginnen. In jedem Fall empfiehlt es sich, die gefundene Mudra mit den in Frage kommenden Prinzipien abzugleichen, um so auch ein von der Ratio her geleitetes Vertrauen in die einem »zugeformte« Gestalt zu begründen. Jedenfalls konnte ich in dieser Art und Weise nicht nur mir, sondern so manchen meiner Freunde zur Lösung einer Problematik ein wirksames Siegel in die Hand geben.

Beachtenswerte Regeln zum Gebrauch einer Mudra

- Um eine Mudra zu formen, bedarf es keiner speziellen Vorbereitung. Sie müssen lediglich beide oder wenigstens eine Hand frei haben. Wobei auch einhändige Mudras prinzipiell mit beiden Händen geformt werden sollten, damit sie auch das ganze ihnen innewohnende Potential entfalten können.
- Eine Mudra läßt sich an jedem beliebigen Ort, wo Sie gerade gehen oder stehen, formen, sei es im Bus, in der U-Bahn, im Büro oder vor dem Fernseher. Insofern sind Mudras das ideale Medium in einer Welt wie der unseren, in der scheinbar nichts so knapp ist wie Zeit. Andererseits braucht auch eine Mudra ihre Zeit. Um einen wirksamen Impuls zu setzen, sollten Sie daher das gewählte Siegel mindestens für fünf Minuten halten können. Ausgenommen hiervon sind therapeutische Mudras, die gewählt wurden, um eine bereits seit längerem verfestigte Problematik zu lösen. Solche Mudras sollten Sie wenigstens

zehn Minuten und über den Tag verteilt mindestens 45 Minuten halten. Bei dieser schrittweisen Anwendung empfiehlt es sich dann aber auch, die Folgen zwischen den einzelnen Mudras nicht in zu kurzen Abständen durchzuführen. Wenigstens eine Stunde Wartezeit halte ich aus meiner Erfahrung her für angebracht. Am besten bewährt haben sich drei Folgen am Tag, und zwar morgens, mittags und abends.

- Ähnliches gilt für unterschiedliche Mudras, sofern sie nicht in ihrer Summe wiederum eine komplexe Mudra ausmachen. Wollen Sie, aus welchen Gründen auch immer, verschiedene Mudras bilden, sollten Sie auf entsprechende zeitliche Abstände achten, damit der gesetzte Impuls auch verhallen kann. Andernfalls könnten unangenehme Nachwirkungen auftreten. So geschah es mir einmal, als ich für eine Versuchsreihe per Mudra alle fünf Rumpfchakren in rascher Folge hintereinander anregte, daß sich eine Stunde nach dem Versuch ernsthafte Probleme einstellten. Mir schwindelte, ich bekam wackelige Beine und konvulsive Schauer durchliefen mich bei gleichzeitiger Übererregtheit. Dagegen half dann auch keine Mudra mehr, sondern nur der rasche Rückzug ins Bett. Im allgemeinen gilt, daß der Abstand zwischen zwei nicht kompatiblen Mudras mindestens eine Stunde betragen sollte. In Ausnahmefällen kann er verkürzt werden, sollte aber wenigstens doppelt so lange währen wie die Mudra selbst. Mehr als drei verschiedene Mudras hintereinander sollten Sie in dieser Weise jedoch nicht formen. In jedem Falle unvereinbar ist diese Ausnahmeregelung allerdings bei Mudras, bei denen Sie gegensätzliche Energien stimulieren. Von daher empfehle ich Ihnen in Zweifelsfällen die gewählte Folge zuvor an Hand der verschiedenen Prinzipien abzuklären.
- Sollten Sie sich einmal in einer Situation befinden, in der Sie unbedingt eine Mudra formen möchten, um Kräfte zu aktivieren, andererseits die Umstände es in der Tat nicht zulassen, die Mudra wenigstens fünf Minuten kontinuierlich zu halten, so bleibt Ihnen entgegen dem vorher Gesagten dennoch eine Möglichkeit, mit kurzen Impulsen die notwendige Energie wenigstens kurzfristig aufzubauen. Hierfür formen Sie die gewünschte Mudra beim Einatmen und lösen sie wieder beim Ausatmen. Schon nach wenigen Atemzügen werden Sie bemerken, wie Ihnen die gewünschte Kraft zufließt. Da jedoch diese Belebung nicht anhaltend ist, werden Sie den Vorgang auch alsbald wiederholen müssen.

• Beginnt man sich mit Mudras vertraut zu machen, so steht am Anfang sicherlich ein Sensibilitätstraining im Vordergrund, so wie es mit diversen Übungen bereits vorgestellt wurde. Danach sollte die Formung einzelner Mudras im Mittelpunkt Ihrer Aufmerksamkeit stehen. Erst allmählich, wenn Sie mit dem Thema und den damit verbundenen Kräften vertraut sind, dürfte sich das Bedürfnis einstellen, aus einer Serie von Mudras eine komplexe Mudra oder ein Mandala zu entwickeln. Falls Sie sich daran wagen, empfehle ich Ihnen zum einen, intuitiv wie oben empfohlen, und zum anderen schematisch nach den vorgestellten Prinzipien vorzugehen. Zudem möchte ich Sie eindringlich zur Geduld mahnen, ein Mandala formt sich nämlich nicht an einem Tag, sondern wächst ganz allmählich mit Ihnen mit. Beginnen Sie also mit einer kurzen Folge aus zwei, drei Mudras. Spüren Sie dem Geschehen nach und machen Sie sich mit dem spirituellen Raum vertraut. Sie werden dann, wenn es Zeit und Wirken erlaubt, sehr genau bemerken, welche Mudra sie dem begonnenen Mandala hinzufügen können. Und ebenso deutlich werden Sie alsdann spüren, wann sich der Kreis zu einer komplexen energieträchtigen und gleichwohl harmonischen Mudra geschlossen hat.

Die auf den folgenden Seiten vorgestellten Mudras zeigen verschiedene Basismudras, die Sie in ihrer abgebildeten Form übernehmen können, die sich aber auch für Ihre speziellen Bedürfnissen modifzieren lassen. Die mit der Auswahl verbundene Absicht ist es, Ihnen einen Überblick über die vielfältigen Möglichkeiten zu geben, zu denen Mudras Anstoß und Hilfe sein können. Gleichzeitig soll damit Ihr Verständnis in die Wirkweise der Mudras verfeinert werden und hierdurch die dargestellten Prinzipien der Mudras weiter erhellt werden, wodurch Sie letztlich zur eigenständigen Komposition von Mudras befähigt werden.

Mudra der Freude

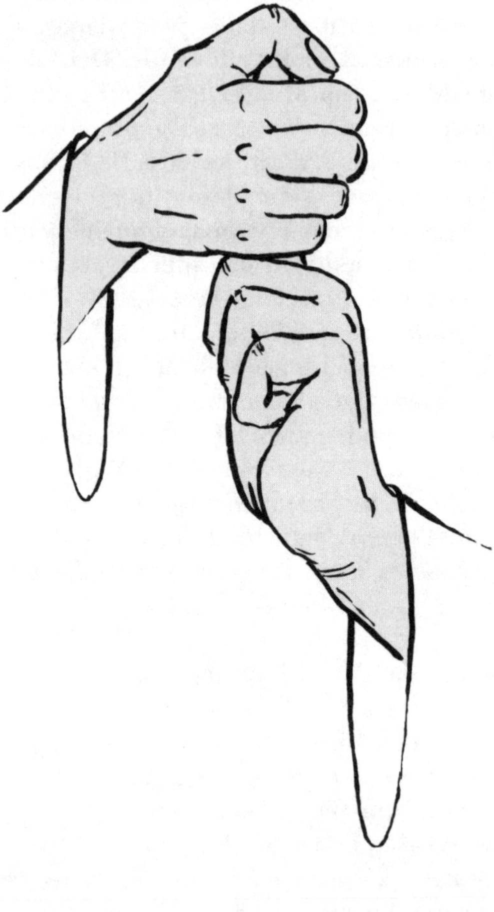

Beschreibung: Die Mudra der Freude wird aus der mit beiden Händen gehaltenen Yonimudra (siehe Seite 30) heraus geformt. Demnach verschließen Sie zunächst an jeder Hand das obere Daumenglied in Ihrer Faust. Setzen Sie die rechte Faust über die linke und halten Sie beide Fäuse drei, vier Atemzüge lang in Herzhöhe. Alsdann schieben Sie Ihren gestreckten linken Zeigefinger langsam bis zum Anschlag von unten her in die rechte Faust. Hierdurch drücken Sie mit dem Zeigefinger Ihren rechten Daumen aus der Faust, so daß er die Zeigefingerspitze dachförmig krönt. Heben Sie die so zu Ende geformte Mudra so weit an, daß Sie sie vor Ihrer Kehle halten.

Wirkweise: Die Mudra, die als *Vajramudra* beziehungsweise *Bodhisrimudra* bekannt ist, gilt als ein Siegel höchster Spiritualität, durch das einem höchste Erkenntnis zuteil werden kann und die Seele befreit von jeglichem Schatten ins Licht zu treten vermag. Diese Mudra wird für derart mächtig erachtet, daß durch sie das ruhende Kundalini im Muladharachakra angeregt und bis hinauf ins höchste Chakra, das Sahasrarachakra, geführt werden kann. Das Sahasrarachakra, auch Kronenchakra genannt, wird als Hort höchsten Bewußtseins betrachtet. Es wird im Bereich der Fontanelle lokalisiert. Unter Kundalini wird ein spiritueller, sich körperlich manifestierender Energiefluß verstanden, der sämtliche Chakren durchströmt und dessen Wirken mit einem Zustand der Erleuchtung gleichgesetzt wird. Hierdurch soll es zu einer Vereinigung der beiden Urkräfte Shiva und Shakti im Menschen kommen. Dieses Wirken ist eine uralte sinnbildliche Übertragung des Finsternisse auslösenden auf- und absteigenden Mondlaufes entlang der Sonnenbahn, wobei Sonnenfinsternisse als Symbol für die Vereinigung von Shiva und Shakti verstanden wurden. Der Moment der Verdunkelung, der Abwesenheit des sichtbaren Lichtes, galt zugleich als jener Augenblick, in dem im Menschen das Licht der höchsten Wahrheit aufflammen konnte.

Wollen Sie der Kundalinikraft nachspüren, sollten Sie sich, sobald Sie die Mudra der Freude geformt haben, auf einen Punkt etwa eine halbe Armlänge über Ihrem Schädeldach konzentrieren. In diesem Punkt wird mit dem Shribaindavachakra ein achtes und neuntes in unserer Aura wirkendes Chakra postuliert. Stellen Sie sich vor, daß von diesem Chakra aus Kraft durch Ihre Körperachse bis in Ihr tiefstes Chakra fließt, um von dort her wieder aufzusteigen. Versuchen Sie dabei gleichzeitig, die gehaltene Mudra vor Ihrer Kehle einzurichten. Heben Sie dazu die Mudra etwas an, beziehungsweise senken Sie sie ein wenig. Denn es ist nur eine sehr schmale Zone, innerhalb der die Mudra greift. Heben Sie sie zu hoch oder halten Sie sie zu niedrig, verliert sich ihre Kraft und Ihre Eindrücke bleiben blaß.

Mit dieser Mudra allein werden Sie allerdings kaum Ihre wahre Kundalinikraft wecken können. Schließlich handelt es sich dabei um ein länger währendes Geschehen seelischer und körperlicher Reinigung verbunden mit spiritueller Vervollkommnung. Dennoch wird sie ihrem Namen »Mudra der Freude« so weit gerecht, daß Sie seelische Klärung und innere Heiterkeit erfahren. Durch die Mudra der Freude finden Sie nämlich zu einem ruhenden Punkt hinter Ihrer Person. In ihm erfahren Sie seelische Weite und jene Stille, die aus ferner Transzendenz auf Sie einwirkt. Aus dieser Sicht erfassen Sie die Geschehnisse des Alltages aus einer Distanz, die einem ursprünglichen Heilsein gleichkommt. Sie bleiben hierdurch zwar weiterhin Beteiligter, jedoch sind Sie nicht mehr ein in seinem ganzen Wesen Betroffener. Dieses Lebensgefühl mag Sie letztlich dazu führen, daß sich Ihrer eine schier überirdische zeitlose Freude bemächtigt.

Mudra der Erhebung

Beschreibung: Auch diese Mudra wird aus mit beiden Fäusten gehaltenen Yonimudras (siehe Seite 30) heraus geformt. Dementsprechend verschließen Sie die Daumenspitzen mit beiden Fäusten. Halten Sie Ihre Fäuste sechs Atemzüge lang mit den mittleren Fingerknöcheln gegeneinander vor Ihren Nabel. Alsdann verhaken Sie die beiden kleinen Finger mit Ihren Spitzen ineinander und führen die Kuppen beider gestreckter Zeigefinger zusammen. Die übrigen Finger bleiben unverändert. Halten Sie die Mudra mit einer gewissen Spannung und heben Sie sie auf Herzhöhe.

Wirkweise: Diese Mudra ähnelt der Fudomudra (siehe Seite 115). Sie ist Bestandteil des Vajramandalas, durch das im Shingon die Diamantsphäre der göttlichen Bewußtheit dargestellt wird. Durch sie wird das Wechselspiel zwischen den weiblichen und männlichen Prinzipien als ein sich immer wieder erneut zusammensetzendes und aus sich selbst heraus formendes Ganzes beschrieben. Einerseits versinnbildlicht die Mudra der Erhebung Hingabebereitschaft durch die beibehaltene Yonimudra, andererseits drückt sie ein besonders aktives

Moment fordernder Zwiesprache durch die zusammengehaltenen Zeigefingerspitzen aus. In den verhakten kleinen Fingern spiegelt sich Präsenzwillen bei gleichzeitigem Erkenntnisstreben. Insgesamt zeigt diese Mudra, daß eine gewollte Verbindung mit dem in den Tiefen der Seele Empfundenen und der formalen Lebenswirklichkeit angestrebt wird. Von daher stellt sich gleichsam eine Vermählung der Person mit dem Übersinnlichen dar.

Durch die Mundra der Erhebung heben Sie zum einen die Fingereigenschaften des kleinen Fingers, wodurch Ihr Konzentrationsvermögen und Ihre Einfallsgabe gestärkt werden. Gleichzeitig werden Eigenschaften des Ajnachakras, des dritten Auges, stimuliert, wodurch Sie sich in die Lage versetzen, hinter den Schein der Dinge zu blicken. Dies bewirkt, daß Sie auf eine unmittelbare Weise Zweck und Wollen alltäglicher Begebenheiten durchschauen und somit klarsichtig agieren können.

Ganapatimudra

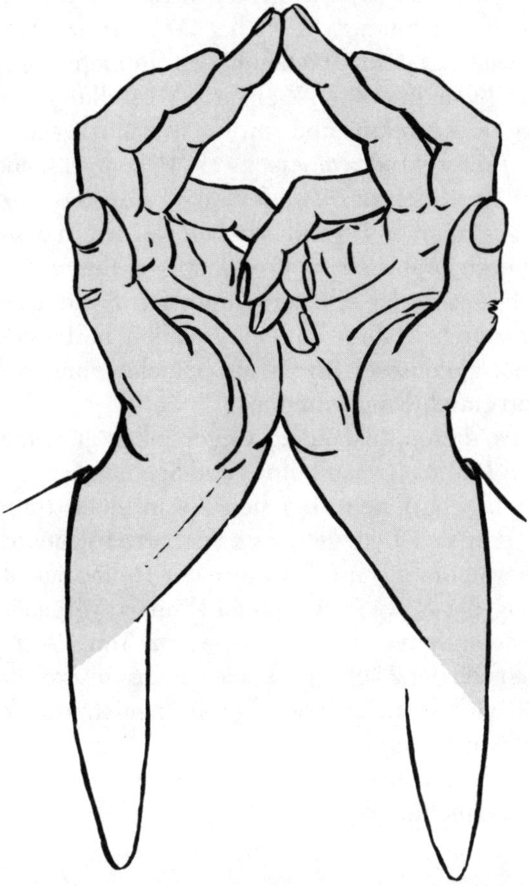

Beschreibung: Kreuzen Sie Ihre Zeigefinger über Ihre Mittelfinger. Halten Sie beide Mittelfingerspitzen schräg gegeneinander und verschränken Sie Ring- und kleine Finger in die Handfläche miteinander. Der Ringfinger Ihrer rechten Hand liegt dabei vor dem Ringfinger der linken Hand. Darauf halten Sie die beiden äußeren Handballen zusammen und öffnen gleichzeitig ein wenig Ihre Hände. Beide Daumen weisen senkrecht nach oben.

Wirkweise: Mit dieser Mudra unterwerfen Sie Ihre subjektive Wahrnehmung einer ideellen Sicht. Zugleich suchen Sie nach Bestätigung dieser verklärten Vorstellung. In solcher Weise treten Sie in eine innere Zwiesprache mit dem Übersinnlichen. Je mehr Sie sich hierbei entspannen und vom gewollten Ziel Ihrer Vorstellungen lösen, desto eher erfahren Sie Korrektur und spirituelle Führung. Denn in ihrer Ausformung ist diese Mudra einerseits ein Bekenntnis, aber andererseits auch ein Ausdruck des Zweifels. Und ebendieser Zweifel soll durch das Siegel zu einer Tugend erhoben werden, die uns am Ende mit jener inneren Wahrheit konfrontiert, vor der wir uns allzuoft scheuen, da sie uns in der selbstempfundenen Fülle unserer Person reduziert. Hierdurch erfahren wir eine Relation, in der uns so scheinbar vertrackte Züge unserer Psyche auf beinahe amüsante Weise unbedeutend und einschichtig anmuten.

Wagen Sie es, diesen Zustand als Gegebenheit anzunehmen, wandeln Sie sich zu Ihrem eigenen Lehrer und Schüler. Lauschen Sie weiter und tiefer in sich hinein, horchen Sie in einen transzendenten Raum, durch den sich Letztgültiges offenbart. Solcherart Lauschen entspricht einer überaus sensiblen Form der Hellhörigkeit, durch die Sie den Gesang der Sterne vernehmen können. Vergangenheit, Gegenwart und Zukunft verschmelzen zu einem Ton, der Antwort gibt auf jene Frage nach der Zeitlosigkeit, die wir aus unserer Begrenztheit heraus immer wieder stellen und ebenso unzulänglich formulieren. Und so finden wir mit dieser Mudra auch zur einzigen Art, auf rechte Weise zu fragen; schließlich ist es die Art der Fragen, durch die wir die Antworten vorwegnehmen.

Mudra der Bereitschaft

Beschreibung: Diese Mudra ist eigentlich ein kleines Mandala, das sich aus drei Stationen zusammensetzt, in seinem Zentrum steht die Mudra der Bereitschaft. Zunächst halten Sie beide Hände mit den Fingerrücken gegeneinander. Fingerspitzen und Handflächen weisen auf Sie. Berühren Sie darauf mit den Daumen die Zeigefingerspitzen und halten Sie diese Mudra über zwölf Atemzüge in Scheitelhöhe.

Anschließend formen Sie vor Ihrem Nabel die Mudra der Bereitschaft. Hierzu verschränken Sie die gestreckten Mittel- und Ringfinger in Höhe der oberen Fingerknöchel. Der Mittelfinger der linken Hand deckt den Mittelfinger der rechten Hand. Alsdann berühren Sie mit Zeige- und kleinem Finger die jeweils entgegengehaltenen Fingerspitzen. Das heißt der Zeigefinger der rechten Hand berührt die Mittelfingerspitze der linken Hand, und der kleine Finger berührt die linke Ringfingerspitze. Das gleiche geschieht gegengleich mit den Fingern auf der linken Seite der Mudra. Alsdann halten Sie die beiden nach oben gestreckten Daumenspitzen aneinander. Halten Sie die Mudra so lange Sie es für richtig halten, mindestens jedoch zwölf Atemzüge lang.

Zum Abschluß dieses Mandalas formen Sie die Lepa-Lepaningmudra (siehe Seite 75). Halten Sie diese Mudra so lange, bis Sie das Gefühl haben, daß das durch das Mandala angestoßene Geschehen wieder zur Ruhe kommt.

Wirkweise: Mit dieser Mudra der Bereitschaft aktivieren Sie Ihre Sushumna. Damit ist jene feinstoffliche Leitbahn entlang Ihrer Körperachse gemeint, durch die die Kundalini fließen soll. Über diese Leitbahn sind folglich auch alle Chakren miteinander verbunden. Von daher kann diese Mudra als vorbereitende Übung auch vor die Mudra der Freude gesetzt werden. Da Sie durch diese Mudra innere Gegensätze in eine bewußte Beziehung zueinander setzen, formen Sie zugleich einen übergeordneten Raum, in dem sich diese Gegensätzlichkeiten zu einer wirkenden Einheit verbinden sollen. Insofern bemühen Sie sich um eine Überwindung der Gewissensteilung in Gut und Schlecht und gewinnen dadurch eine Ahnung von Heilsein. Freilich muß dieses Heilsein seinerseits erst verstanden und angenommen werden. Schließlich wandelt sich auch durch innere Einheit kein Schatten zu Licht. Doch das Verständnis, daß ohne Licht kein Schatten sein kann, bewirkt eine heilsame Versöhnung mit sich selbst. Sie ist auch das eigentliche Ziel, das durch diese Mudra angestrebt wird. Freilich setzt eine solche Versöhnung mit sich selbst die Bereitschaft voraus, sich so, wie man sich gibt und ist, liebevoll anzunehmen. Diese Bereitschaft erst auf sanfte Weise geweckt werden. Diesem Sinn entsprechend wirken die drei Mudras dieses Mandalas ineinander. Sie ermöglichen es uns, den Blick auf uns selbst zu lenken, Licht und Schatten in uns zu erforschen und unsere Selbsteinschätzung zu revidieren, um uns darauf erneut zu betrachten.

Da wir durch diese Mudra an unserem persönlichen Lack kratzen, sollten wir es uns gut überlegen, ob wir uns auf dieses Unternehmen einlassen wollen. Denn je selbstgerechter wir sind, um so heftiger können die psychischen Blessuren sein, die wir uns vor allem in der Anfangsphase des hierdurch angeregten Prozesses zuzufügen vermögen. Lassen wir uns dennoch darauf ein, schützen wir andererseits auf lange Sicht unsere Seele vor Verletzungen; denn dort, wo wir uns selbst verziehen haben, schließt sich eine Wunde, in die ansonsten andere ihre Finger hätten legen können.

Rachenmudra

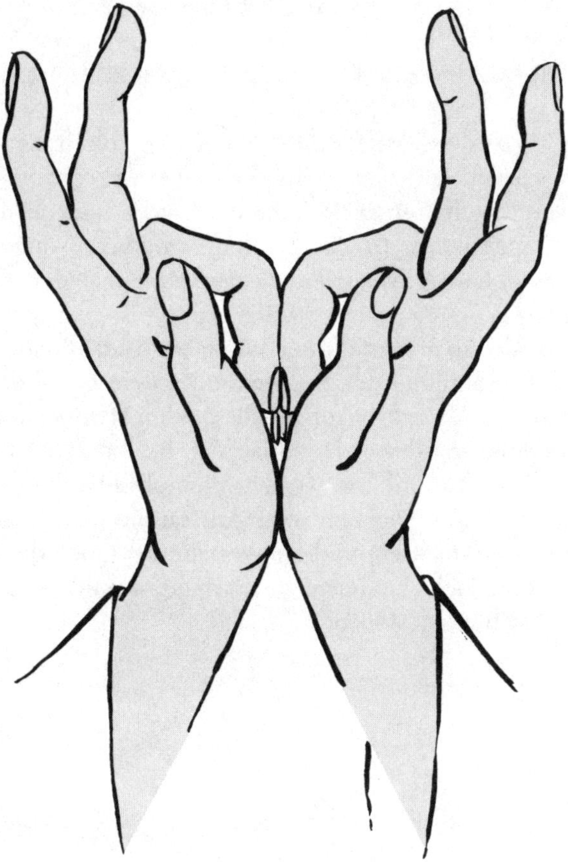

Beschreibung: Für die Rachenmudra beugen Sie Ring- und kleinen Finger tief gegen die Handballen. Daumen, Zeige- und Mittelfinger halten Sie leicht gestreckt ab. Alsdann führen Sie Ihre beiden Hände zusammen, so daß sich beide Daumenballen und die gebeugten Finger berühren. Halten Sie die Mudra mit leicht gestreckten Armen in Höhe Ihres Herzens.

Wirkweise: Die Rachenmudra ist im Grunde genommen eine weißmagische Geste, durch die Sie auf Sie gelenkte negative Kräfte ihrer Form entkleiden und die Energie gebündelt auf ihren Verursacher zurückwerfen. Hierzu besinnen Sie sich, nachdem Sie die Mudra geformt haben, auf den Adressanten der unguten Kraft. Sie werden dabei, ob gewollt oder nicht, sein Bild vor Ihrem inneren Auge sehen. Halten Sie die Mudra darauf so lange, bis dieses Bild zu verblassen beginnt.

Gleichzeitig ist diese Mudra auch eine Geste, durch die Sie Ihre eigene Kraft stärken und Ihrem Handeln eine aggressive Note verleihen. Insoweit verschaffen Sie sich mit der Mudra auch die notwendige körperliche Spannkraft. In Phasen der Ermüdung können Sie sich hierdurch unabhängig von der magischen Kraft der Geste eine gehörige Portion Schwung vermitteln.

Fühlen Sie sich in unbestimmter Weise bedroht, können Sie mit einer kleinen Abwandlung der Rachenmudra dem Quell der unguten Kraft nachspüren. Dazu kreuzen Sie die beiden Daumen miteinander, bei ansonsten unveränderter Handhaltung. Besinnen Sie sich alsdann auf das dräuende Gefühl. Sie werden hierauf bemerken, wie Ihrem Sinnen eine Richtung gegeben wird. Lassen Sie sich darauf ein und folgen Sie Ihrem Trachten, und Sie werden den Quell der Beunruhigung aufdecken; doch wundern Sie sich nicht, wenn Sie dabei so manches Mal auf sich selbst stoßen.

Magischer Ring

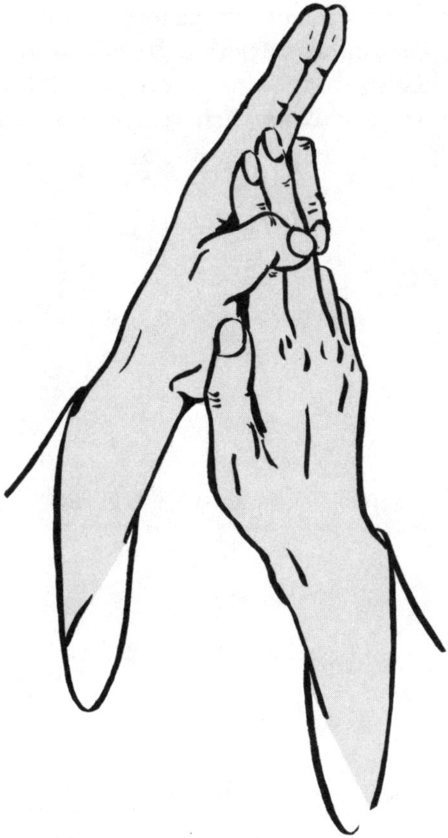

Beschreibung: Strecken Sie an beiden Händen Ihre Zeige- und Mittelfinger. In der rechten Hand beugen Sie Ring- und kleinen Finger, in der linken Hand nur den kleinen Finger gegen die Handballen. Umgreifen Sie dann mit Daumen und Ringfinger der linken Hand die gestreckten Finger der rechten Hand; dabei sollte der Daumen die mittleren Glieder von Zeige- und Mittelfinger umfassen.

Wirkweise: Durch diese weißmagisch wirkende Mudra ziehen Sie gleichsam einen Schutzkreis um sich. Hierdurch bleiben Sie von negativen Kräften und psychischen Anwürfen verschont. Gleichzeitig stärken Sie Ihr Rückgrat und gewinnen so deutlich an Präsenz. Diese Mudra empfehle ich Ihnen vor allem dann zu formen, wenn Sie sich müde und psychisch schwach fühlen. Hierdurch verhindern Sie, daß Ihre Schwäche von anderen gegen Sie genützt wird; gleichzeitig verschaffen Sie Ihrer Seele Zeit und Raum, sich wieder zu regenerieren.

Mustimudra

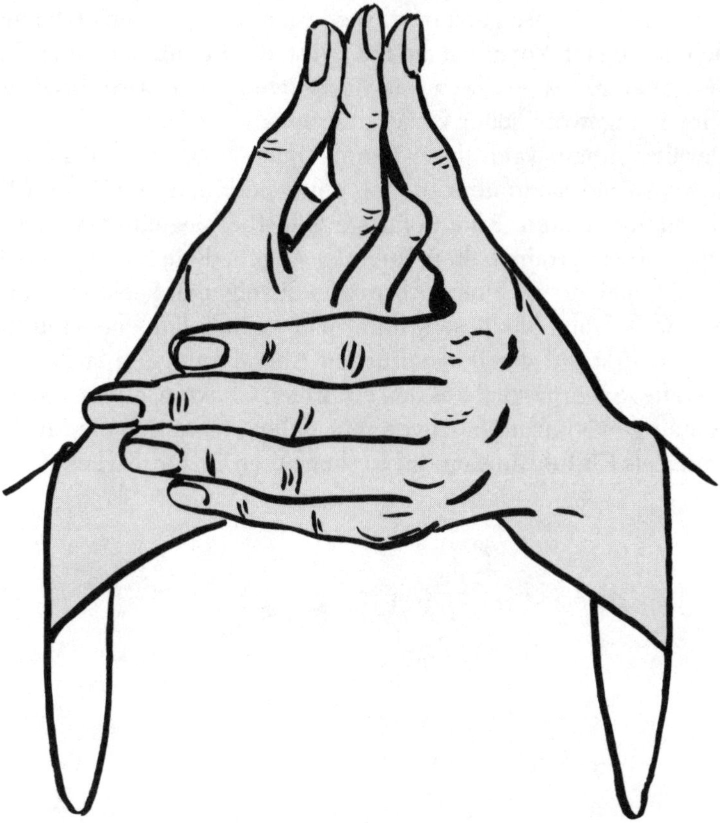

Beschreibung: In Ihrer rechten Hand berühren sich Daumen- und Zeigefingerkuppe, die restlichen Finger halten Sie tief gegen die Handballen. Daumen- und Zeigefingerspitze zeigen nach oben. Dann umfassen Sie mit der linken Hand den Handrücken der rechten Hand und legen Ihre Daumenkuppe gegen die zusammengehaltenen Daumen und Zeigefinger der rechten Hand.

Wirkweise: Diese Mudra gleicht mit den zu einer dreieckigen Pyramide geformten aufrechten Fingern einer brennenden Ampel. Durch die aufrechten Finger stärken Sie Ihre psychische Präsenz, gleichzeitig bewahren Sie sich durch die ineinander verschlungenen Hände Ihre seelische Innerlichkeit. Gleichwohl sind Sie hierdurch nicht in unbeweglicher Weise gepanzert, sondern gewinnen eine erstaunliche Geschmeidigkeit. Vor allem die Fähigkeit, das Fühlen und Denken Ihres Gegenübers zu erahnen und nachzuvollziehen, wird durch diese Mudra in ungewöhnlicher Weise gefördert.

Darüber hinaus kann diese Mudra Ihnen selbst zur Flamme werden, sofern Sie daran denken, den einen oder anderen Winkel Ihrer Seele auszuleuchten. Eine derartige Selbstbespiegelung können Sie, solange Sie die Mudra halten, furchtlos wagen, denn Sie tragen mit ihr ein Licht, daß Sie vor einem Absturz in die eigenen Seelengründe bewahrt. So befähigt Sie diese Mudra zu einer unbefangenen Selbstanalyse und wirkt auf der feinstofflichen Ebene anregend auf die Chakrenkräfte. Sie ermöglicht es den einzelnen Chakren, etwas höher und weiter als gewohnt zu schwingen. Von daher eignet sich die Mustimudra auch als Einführungsmudra zur bewußten Chakrenarbeit.

Tamra-Cudamudra

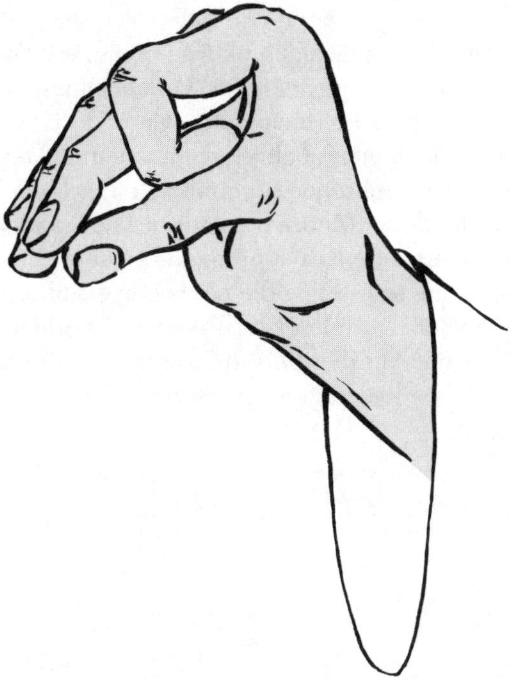

Beschreibung: Der Zeigefinger wird an der Daumenkerbe eingerollt. Der Daumen bleibt gestreckt. Gegen die Daumenspitze werden die gestreckten Mittel- und Ringfinger gehalten. Der kleine Finger liegt am Ringfinger an.

Wirkweise: Diese Mudra ist im indischen Tanztheater auch unter der Bezeichnung Hahnenkamm geläufig. Dort versinnbildlicht sie zudem die Dichtung eines Verses. Diese Mudra vermittelt einen energetisch ähnlichen Impuls wie die Chinmudra (siehe Seite 99). Durch den eingerollten Zeigefinger konzentrieren Sie Ihre schöpferische Kraft und Ihr Kommunikationsvermögen. Die sich entfaltende Wirkung gleicht dem Atemholen bevor man zu einer Rede ansetzt. Dieses Konzentrieren und gleichzeitige Verweilen entspricht einer Schaffenspause, in der der kreative Funken dem Zunder zufliegt. Nicht abschalten, sondern zu sich finden, um erneut aus seinem Potential zu schöpfen, ist die eigentliche Intention, die durch die Tamra-Cudamudra angeregt werden soll. Dementsprechend verbinden sich die gestreckten, aktiven Finger mit dem gleichfalls aktiven Daumen. Strukturierende Kraft verbindet sich mit urgründigem Verlangen und höchstem Harmoniestreben. Solch dichte ineinander wirkende Gespanntheit setzt den Rahmen und fokussiert zugleich die Kraft, um in der sich ausbreitenden Stille eine verzehrende Flamme zu entfachen. So können Sie beispielsweise mit dieser Mudra verhindern, daß Sie nach einer aufreibenden Arbeit lähmende Erschöpfung übermannt. Einerseits mögen Sie durch die gelenkte Energie die notwendige Ruhe annehmen und körperlich entspannen, andererseits bleiben Sie wach und offen für neue Eingebungen. Aus diesem Wirken heraus hilft die Mudra auch gegen vorübergehende depressive Verstimmungen.

Bang-Netramudra

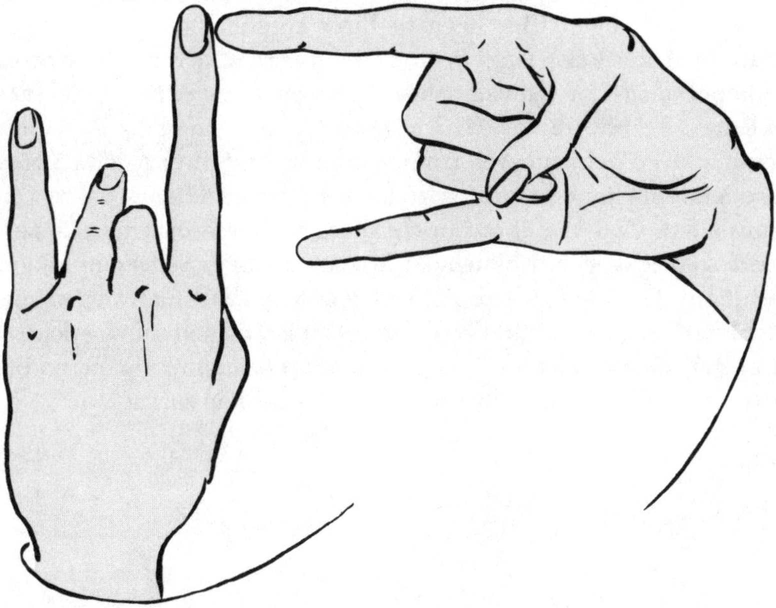

Beschreibung: In der rechten Hand halten Sie mit Ihrem Daumen die nach unten gekrümmten Mittel- und Ringfinger fest. In der linken Hand drücken Sie mit dem Daumen nur den gekrümmten Mittelfinger nach unten. Der linke Ringfinger wird indes nur in seinem Wurzelglied abgeknickt und steht in einem rechten Winkel zur Handfläche. Zeigefinger und kleiner Finger an beiden Händen sind gerade durchgestreckt. Dann führen Sie beide Hände zusammen, indem Sie Zeigefinger und kleinen Finger der rechten Hand gegen den Zeigefinger der linken Hand halten. Die Zeigefingerspitzen berühren sich dabei, der kleine Finger ruht mit seiner Spitze an der Zeigefingerwurzel. Halten Sie die Mudra in Brusthöhe geradlinig vor sich.

Wirkweise: Bang-Netramudra bedeutet soviel wie »die den Augen Verehrung darbringt«. Doch da sie keine physische Heilmudra ist, muß ihre Bezeichnung bildhaft gedeutet werden. Die Verehrung der Augen gilt folglich auch eher einem gewissen Augenmaß, das durch die Mudra angesprochen werden soll. Dabei geht es darum, sich selbst auszuloten. Dementsprechend finden Sie durch die Bang-Netramudra zu einer klaren Einschätzung Ihrer körperlichen und geistigen Kraft. Egal ob Sie sich einer Prüfung unterwerfen, sich auf einen Streit vorbereiten oder ob Sie eine schwer überschaubare Arbeit annehmen wollen, mit Hilfe dieser Mudra gewinnen Sie ein sicheres Gefühl dafür, was Sie sich zumuten können oder nicht. So vermeiden Sie es, Ihre Kraft an sinnlose oder unzulängliche Unternehmungen zu verschwenden. Gleichwohl entspricht diese Selbsteinschätzung keinem spitzfindigen Wägen, vielmehr ist es ein vertrautes Selbstempfinden. Auf diese Weise mit sich zu Rate zu gehen, beläßt Ihnen zugleich jenen Raum an Kreativität, der erforderlich ist, manch selbst erkannte Grenzen unbeschadet zu überschreiten. So gelingt es Ihnen, an der gesetzten Aufgabe wie an sich selbst gleichermaßen zu wachsen.

Vajra-Kulamudra

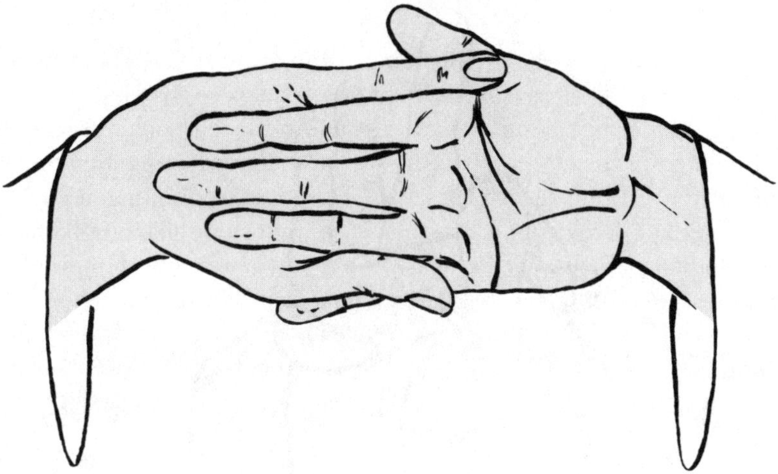

Beschreibung: Halten Sie die geöffnete rechte Hand mit der Handfläche zu sich und die linke Hand mit der Handfläche nach außen. Legen Sie beide Hände mit den Handrücken gegeneinander und verschränken Sie die Daumen mit den kleinen Fingern.

Wirkweise: Der wesentliche Impuls dieser Mudra läuft über die Handchakren. Wobei Sie sich über sie in erkennbarer Weise einmal sich selbst zuwenden und zum anderen Ihre Fühler nach außen strecken. Hierbei ist es vor allem Ihre emotinale Kraft, die Sie nach außen richten. In dieser Weise nehmen Sie nicht nur intuitiv auf, was auf Sie zukommt, sondern zeigen sich auch mehr oder minder von Ihrer Sonnenseite, indem Sie Ihre Innerlichkeit preisgeben. Allerdings kontrollieren Sie mit der rechten Hand dieses Geschehen. Sie stellt quasi einen Reflektor zwischen innerer und äußerer Welt dar. So wie Sie sich einerseits in dem Geschehen erleben, vermögen Sie sich andererseits augenblicklich zu korrigieren und Ihre Signale den äußeren Notwendigkeiten anzupassen. So erlaubt Ihnen die Vajra-Kulamudra, die Gegebenheiten zu sondieren, und gewährt Ihnen zugleich Momente der Selbstbesinnung.

Entwöhnungsmudra

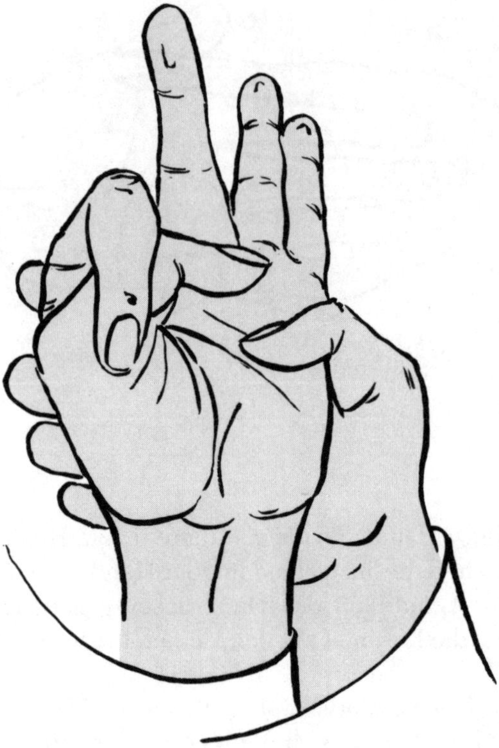

Beschreibung: Zunächst formen Sie die Mudra in Ihrer linken Hand. Hierzu halten Sie den Daumen gegen die Fingerwurzel des Ringfingers, also gegen jenen Punkt, an dem der Blasenmeridian endet. Den Zeigefinger beugen Sie tief hinab zum Daumenballen. Den Mittelfinger knicken Sie in seinem Grundgelenk ab und halten ihn im rechten Winkel gestreckt zur Handfläche. Dann schieben Sie Ihren rechten Daumen von der Handkante her auf das Handchakra der linken Hand. Gleichzeitig umfassen Sie mit den vier Fingern der rechten Hand den Handrücken der linken Hand. Hierauf üben Sie mit beiden Daumen abwechselnd einen rhythmischen Druck gegen das Wurzelglied des Ringfingers und das Handchakra der linken Hand aus.

Wirkweise: In dieser Mudra verquicken sich Elemente der Meridiane und ayurvedischer Prinzipien. Durch sie kräftigen Sie zum einen Ihren Kreislauf, nehmen über den Atem frische Kräfte auf und leiten verbrauchte Energien ab. Hierdurch regen Sie den Austausch zwischen den verschiedenen Kraftzentren und Organen Ihres Körpers an und wirken zugleich beruhigend auf Ihre Psyche ein. Diese Mudra hat sich vor allem gegen jede Art von lästigen Entzugssymptomen bewährt, insbesondere bei der Raucherentwöhnung. Sie dämpft das psychische Verlangen, entspannt die Muskulatur und führt frische Energie zu, während sie gleichzeitig verbrauchte Kräfte ableitet. Dies fördert den Austausch und führt zu einer raschen Stabilisation. Aber auch bei psychischen Belastungen, die mit Ablösungen und Trennungen in Verbindung stehen, kann diese Mudra hilfreich sein, die Krise besser zu meistern.

Frauenmudra

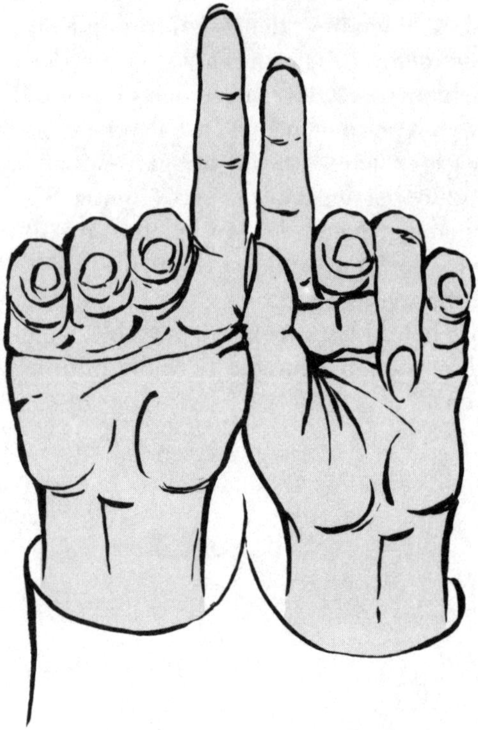

Beschreibung: Halten Sie beide Hände mit dem Handrücken nach oben vor sich. Knicken Sie dann die vier gestreckten Finger an beiden Händen im rechten Winkel zur Handfläche nach unten ab. Spreizen Sie den rechten Daumen und schieben Sie ihn zwischen Zeigefinger und Daumen der linken Hand in die Handfläche. Umfassen Sie darauf mit dem linken Ringfinger die Daumenspitze. Dann heben Sie die aneinanderliegenden Zeigefinger an, während alle anderen Finger in ihrer Position verbleiben.

Wirkweise: Auch bei dieser Mudra durchwirken sich ayurvedische und Meridianprinzipien. Wobei einerseits der angelegte Daumen die Meridianenden (Blase und Niere) unterhalb des Mittel- und des Ringfingers stimuliert, während der den Daumen umfassende Ringfinger das Element Erde aktiviert und somit das körperhafte Geschehen forciert. Zugleich wird die Verteilungskraft des Lungenmeridians am Daumen angeregt. Die beiden gestreckten Zeigefinger heben gleichzeitig das Selbstwertgefühl und überspielen somit eine psychische Schwächephase – wodurch Sie »trotz alledem« zu sich stehen können. Der Name »Frauenmudra« dieses Siegels ist gewissermaßen Programm. Vor allem bei Menstruationsbeschwerden ist diese Mudra hilfreich und rasch wirksam.

Kurzbeschreibung weiterer Mudras

• Stehen Sie vor einer größeren Aufgabe, bei der neben Ihrer Arbeitskraft vor allem Ihr schöpferisches Potential gefordert wird, hilft Ihnen die *Inspirationsmudra* weiter. Dazu umschließen Sie Ihren rechten Zeigefinger mit der linken Faust; der kleine Finger liegt an der Zeigefingerwurzel und der Daumen weist nach oben. Mit den freien Fingern Ihrer rechten Hand umfassen Sie darauf Ihre linke Faust und heben die Mudra bei gestreckten Armen über Ihren Kopf.

• Um sich von schlechten Gefühlen, die im wesentlichen durch ein drückendes Gewissen bedingt sind, zu befreien, hilft eine *Absolutionsmudra.* Durch sie wirken Sie durch die Kraft der Eigenliebe auf Ihre Aura ein, indem Sie Schattierungen der mentalen Sphäre aufhellen. Formen Sie hierzu beide Hände zu Fäusten, wobei Sie die oberen Daumenglieder umschließen. Halten Sie beide Fäuste gegeneinander und strecken Sie beide Ringfinger aus, sie sollten sich mit den Fingerkuppen berühren. Stellen Sie sich, während Sie die Mudra halten, die Welt in rosigen Farben vor, so steigern Sie die Wirkung.

• Nicht immer geht es uns darum, wie bei der Prana-Apanamudra, einen reinigenden Energiefluß anzuregen. Oft fühlen wir uns einfach nur überlastet und wünschen uns nichts sehnlicher als Erleichterung. Mit einer *unterstützten Apanamudra* können Sie sich Ballast von der Seele nehmen, zugleich wirkt sie auch körperlich entschlackend. Formen Sie mit der linken Hand eine Apanamudra (siehe Seite 110) und legen Sie sie mit dem Handrücken in die geöffnete rechte Hand. Halten Sie dabei die Finger Ihrer rechten Hand aneinander.

• Manchmal scheint uns die Sensibilität für eine Mudra gänzlich zu fehlen. In solchen Fällen hilft es oft, über eine einfache Geste den Fluß der feinstofflichen Kräfte anzuregen. Die *Geste Shiva zu empfangen* ist eine derartige Mudra. Legen Sie Ihre flache Linke Hand mit dem Handteller auf Ihren Nabel. In der rechten Hand strecken Sie die zusammengehaltenen Zeige- und Mittelfinger nach oben, die anderen Finger strecken sie zur Seite ab. Halten Sie darauf die Mudra der rechten Hand mit dem Zeigefinger zum linken Mundwinkel. Diese Geste ähnelt ein wenig einer Schweigegeste. Besinnen Sie sich dabei auf das Geschehen, werden Sie deutlich bemerken, wie mit dem Einatmen Kraft in Ihren Nabel fließt und beim Ausatmen in Ihr aufgelegtes Handchakra strömt. Sobald Sie zwischen Hand und Nabel einen pulsierenden Fluß bemerken, lösen Sie die Hand vom Nabel und entfernen sie um eine Handbreit. Zudem richten Sie die gestreckten Finger der linken Hand mit den Spitzen auf Ihren Bauch. Gleichzeitig krümmen Sie die zur Seite gehaltenen Finger (Daumen, Ring- und Mittelfinger) Ihrer rechten Hand. Halten Sie diese Station der Mudra in etwa so lange wie die erste Station.

• Bei manchen Mudras, insbesondere bei spirituellen Mudras, wollen wir das energetische Geschehen gerne zusätzlich vor unserem inneren Auge visualisieren, um ihren Effekt später durch unsere Erinnerung von Mal zu Mal abrufen zu können. Für diesen Fall empfiehlt es sich, die eigentliche Mudra mit einer *Begleitmudra* zu umrahmen. Hierzu halten Sie die flache linke Hand einen Fingerbreit vor Ihren Nabel; die Finger sind geschlossen, der Daumen steht senkrecht nach oben. Die rechte Hand formen Sie so, als würden Sie mit dem Zeigefinger himmelwärts zeigen wollen, und führen sie vor Ihre linke Gesichtshälfte. Behalten Sie diese Mudra zwölf Atemzüge lang bei. Danach öffnen Sie Ihre Hände mit den Handflächen nach oben und halten Sie, als würden Sie einen Segen empfangen, wiederum zwölf Atemzüge in Brusthöhe. Hierauf können Sie die eigentliche Mudra formen. Zum Abschluß beenden Sie das Ritual, indem Sie einen magischen Ring (siehe Seite 175) formen.

Die erste Station dieser Mudra können Sie als verkürztes Einführungsritual grundsätzlich vor jeder Mudra ausführen.

• Um sich selbst seiner Kraft zu versichern und um äußere Anwürfe entschieden abzuwehren, hilft die *Cittamudra* weiter, die auch als weißmagisch wirksam erachtet wird. So wird von ihr behauptet, daß sie einem dazu verhilft, von anderen Personen nicht bemerkt zu werden. Die Cittamudra setzt sich aus vier einfachen Stationen zusammen, wobei Sie jede für sich etwa eine Minute oder acht Atemzüge lang halten sollten.

1. *Station:* Verschränken Sie Ihre Hände so, daß die Finger zwischen den Handflächen verborgen sind. Die beiden Daumen bleiben jedoch gestreckt und liegen aneinander.
2. *Station:* Verbergen Sie auch den linken Daumen in Ihrer Handfläche und bedecken Sie das sichtbare Unterglied mit Ihrem rechten Daumen.

3. *Station:* Nunmehr verbergen Sie den rechten Daumen in Ihrer Handfläche und bedecken sein Unterglied mit dem linken Daumen.
4. *Station:* Formen Sie beide Hände zu Fäusten, wobei Sie entsprechend der Yonimudra (siehe Seite 30) das Oberglied Ihrer Daumen umfassen. Halten Sie beide Fäuste eine Faustbreit auseinander.

• Durch die Aktivierung unserer Chakren sind wir in der Lage, unsere Seele und unseren Körper in besonderer Weise zu stärken. Doch nicht immer hat man die Zeit, sich mittels längerwährender Meditation auf die Kraft seiner Chakren zu besinnen. Andererseits mag es durchaus Momente geben, in denen wir uns ihre gesamte Kraftentfaltung fast augenblicklich herbeiwünschen. Mit der *Mudra des verborgenen Feuers* ist eine solch rasche Energieentfaltung möglich. Für gewöhnlich wird sie durch zwei vorangesetzte Mudras eingeleitet, sie kann aber auch für sich alleine ausgeführt werden. Zwar ist dann ihre Wirkung nicht so anhaltend, andererseits kann sie wegen ihrer Unaufälligkeit an jedem Ort geformt werden.

Sie beginnen die Mudra mit der Reinigungsmudra Lepa-Lepaning (siehe Seite 75). Anschließend halten Sie Ihre flachen Hände mit den Handrücken zusammen und führen sie bei gestreckten Armen senkrecht über Ihren Kopf. Diese Mudra bewahren Sie für sechs Atemzüge. Danach formen Sie die Mudra des verborgenen Feuers, indem Sie Ihre Hände wie zum Gebet falten. Dann schieben Sie wie nachstehend aufgelistet ein oder zwei Finger beider Hände zwischen Ihre Handflächen, während die anderen Finger verschränkt bleiben. Besinnen Sie sich bei jeder Station dieser Mudra auf das entsprechende Chakra:

– beide Daumen einschlagen = Muladharachakra (Wurzelchakra)
– beide Ringfinger einschlagen = Svadhistanachakra (Sexualchakra)
– beide Mittelfinger einschlagen = Manipurachakra (Nabelchakra)
– beide Zeigefinger einschlagen – Anahatachakra (Herzchakra)
– beide kleinen Finger einschlagen = Vishuddachakra (Halschakra)
– beide Zeige- und Mittelfinger einschlagen = Ajnachakra (Stirnchakra)
– beide Mittel- und Ringfinger einschlagen = Sahasrarachakra (Schädelchakra)

– beide Ringfinger und kleinen Finger einschlagen = Shribaindavachakra (feinstoffliches Chakra)

• Es hat sich bewährt, sich nach einer Mudra nicht unmittelbar wieder in die alltägliche Geschäftigkeit zu begeben, sondern sich noch eine Weile der Besinnung zu gönnen. Eine einfache *Abschlußmudra* hilft Ihnen dabei, das angestoßene Geschehen zu besiegeln. Hierfür halten Sie beide Hände mit nach oben geöffneten Handflächen in Hüfthöhe von sich. Ihre Finger sind dabei leicht gekrümmt, so als würden Sie in einen Ballen Wolle greifen, wobei Sie den kleinen Finger eine Kleinigkeit stärker beugen als die anderen Finger. Bleiben Sie in dieser Haltung wenigstens acht Atemzüge lang sitzen und bedenken Sie dabei das Geschehen, das Sie während der zuvor ausgeübten Mudra erlebten.

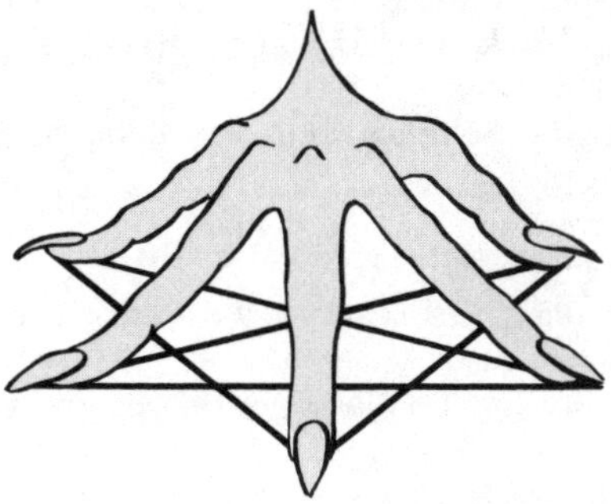

Verzeichnis der beschriebenen Mudras

Mudras und ihre Wirkung in der Reihenfolge der Erwähnung

Beschriebene Mudras in alphabetischer Reihenfolge

Literaturhinweise

Avalon, Arthur (Woodroffe, John Sir): *Die Schlangenkraft – Die Entfaltung schöpferischer Kräfte im Menschen.* München 1988

Bächtold-Stäubli, Hanns: *Handwörterbuch des deutschen Aberglaubens.* Berlin 1987.

Beaven, Donald W./Brooks, S. E.: *Der Nagel in der klinischen Diagnostik* – Ein Farbatlas. Stuttgart 1985.

Becker, Udo: *Lexikon der Symbole.* Freiburg 1992.

Chandra, Lokesh/Rani, Sharada: *Mudras in Japan* – Symbolic Hand-Postures in Japanese Mantrayana or The Esoteric Buddhism of the Shingon Denomination. New Delhi 1978.

Chopra, Deepak: *Gesundheit aus eigener Kraft* – Mit Ayurveda zu neuem Denken über Krankheit und Gesundheit. München 1990.

Devaraj, Therany L.: *Ayurveda for healthy living.* New Delhi 1994.

Dominicus, Brigitte: *Gesten und Gebärden in Darstellungen des alten und mittleren Reiches* – Studien zur Archäologie und Geschichte Altägyptens. Heidelberg 1994.

Eccles, John C.: *Die Psyche des Menschen* – Das Gehirn-Geist-Problem in neurologischer Sicht. München 1990.

Eccles, John C.: *Wie das Selbst sein Gehirn steuert.* Berlin, Heidelberg 1994.

Gelhard, Susanne/Holtz, Joachim: *Meister Wangs Fingerspiele.* Mainz 1996.

Glas, Norbert: *Die Hände offenbaren den Menschen.* Stuttgart 1981.

Goepper, Roger: Shingon – *Die Kunst des geheimen Buddhismus in Japan.* Katalog zur Ausstellung des Museums für Ostasiatische Kunst der Stadt Köln, 1988.

Gösta, Liebert: *Iconographic Dictionary of the Indian Religions* – Hinduism, Buddhism, Jainism. Leiden 1976.

Heiler, Friedrich: *Die Religionen der Menschheit* – Neu herausgegeben von Kurt Goldhammer. Stuttgart 1991.

Hempen, Carl-Hermann: *dtv-Atlas zur Akupunktur*. München 1995.

Iyer, K. Bharatha: *Kathakali* – The Sacred Dance-Drama of Malabar. London 1955.

Johari, Harish: *Chakras* – Körperzentren der Transformation. Basel 1992.

Jursch, Hanna und Ilse: *Hände als Symbol und Gestalt.* Berlin 1959.

Kaptchuk, Ted J. von: *Das große Buch der chinesischen Medizin* – Die Medizin von Yin und Yang in Theorie und Praxis. München 1983.

Kat, Angelino de P./Klee, Tyra de: *Mudras auf Bali* – Handhaltungen der Priester. Hagen. Darmstadt 1923.

Kersten, Felix: *Die Heilkraft der Hand am Menschen in den Nöten unserer Zeit* – Grundlagen und Vorbedingungen einer Be-Handlung. Ulm 1962.

Kiener, Franz: *Hand, Gebärde und Charakter* – Ein Beitrag zur Ausdruckskunde der Hand und ihrer Gebärden. München/Basel 1962.
Kodratoff, Yves/Gaebler, Tilman: *Meridian Shiatsu* – Verlauf und Behandlung der Meridiane nach S. Masunaga. Basel 1993.
Koelsch, Adolf: *Hände und was sie sagen.* Zürich 1929.
König, Georg/Wancura, Ingrid: *Neue chinesische Akupunktur* – Lehrbuch und Atlas der Akupunktur-Punkte. Wien 1989.
Kükelhaus, Hugo: *Urzahl und Gebärde* – Grundzüge eines kommenden Maßbewußtseins. Berlin 1934.
La Meri (Hughes, Russel Meriwether): *The Gesture Language of the Hindu Dance.* New York 1964.
Li Jinxue/Wei Yuanping: *Chinese Manipulation and Massage* – Chinese Manipulative Therapy (CMT). Beijing 1990.
Lüders, Heinrich: *Die sakischen Mura* – Sitzungsberichte der Preußischen Akademie der Wissenschaften. Heft XXXIX. Berlin 1919.
Mala, Matthias: *Esoterisches Handlesen* – Karma, Geisteskraft, Schicksal. München 1992.
Mala, Matthias: *Handenergie* – Seelisches Gleichgewicht und geistiges Wachstum durch die Kraft unserer Hände. München 1993.
Mala, Matthias: *Heilkraft der Sonnenmeditation* – Das 7-Minuten-Energieprogramm. München 1995.
Mala, Matthias: *Seelenenergie deiner Fingeraura.* München 1993.
Mishra, Satyendra P.: *Yoga and Ayurveda* – Their alliedness and scope as positive health sciences. Varanasi 1989.
Noetzel, Richard: *Reflexzonenarbeit an der Hand.* Heidelberg 1993.
Ohm, Thomas: *Die Gebetsgebärden der Völker und das Christentum.* Leiden 1948.
P'eng, Hua-shih: *Die Höhlentempel von Dunhuang* – Ein Jahrtausend Chinesischer Kunst. Stuttgart 1982.
Page, Michael: *Die Kraft des Ch'i* – Einführung in die Chinesische Mystik und Philosophie. Basel 1990.
Pande, Anupa: *The Natysastra Tradition and Ancient Indian Society.* Jodhpur 1993.
Ramm-Bonwitt, Ingrid: *Mudras – Geheimsprache der Yogis.* Freiburg i.Br. 1988.
Rodelli, Sofie: *Händeübungen als Heilgymnastik* – Die Hände als Charakterbildner und Instrumente der Selbsthilfe. München 1987.
Sacks, Oliver: *Stumme Stimmen* – Reise in die Welt der Gehörlosen. Reinbek bei Hamburg 1990.
Saunders, Dale E.: *Mudra – A Study of Symbolic Gestures in Japanese Buddhist Sculpture.* London 1960.
Scharmann, Alexander/Poyck-Scharmann, Beate: *Handreflexzonen* – Eine wirksame Therapie zur Schmerzbekämpfung und Ursachenbehandlung. Landsberg a.L. 1996.

Schumann, Hans Wolfgang: *Buddhistische Bilderwelt* – Ein ikonographisches Handbuch des Mahayana- und Tantrayana-Buddhismus. München 1993.
Seidl, Hans-Christian: *Der Mensch – ein energetisches System*. Unterschleißheim 1994.
SenGupta, Nagendranath: *The ayurvedic system of medicine, or An exposition in English of Hindu medicine* – As occuring in Charaka, Susruta, Bagbhata and other authoritative Sanskrit works, ancient and modern. New Delhi 1984.
Silva, Kim da: *Gesundheit in unseren Händen* – Mudras, die Kommunikation mit unserer Lebenskraft durch Anregung der Fingerreflexzonen. München 1991.
Staatliches Museum für Völkerkunde (Hrsg.): *Kunst des Buddhismus entlang der Seidenstraße*. München 1992.
Thatte, Dinkar G.: *Acupuncture marma and other Asian therapeutic techniques*. Varanasi 1988.
The Natya Sastra of Bharatamuni. Delhi 1992.